EL AMOR
nunca muere

JANE DE FOREST

ILUSTRADO POR JANE DE FOREST
Y TARA DE FOREST

www.janesinspiration.com

El Copyright © 2017 Jane de Forest
2017 Edición en inglés
2019 Edición en español

TODOS LOS DERECHOS RESERVADOS. Ninguna parte de esta publicación puede ser reproducida, distribuida o transmitida bajo ninguna modalidad incluido el fotocopiado o grabado por cualquier método electrónico o mecánico, sin el previo permiso de la autora; excepto en casos de pequeñas citas dentro de opiniones críticas y ciertos usos no comerciales permitidos por la ley de derechos de autor. Para peticiones de permiso, escriba al editor, dirigidose a de "ATTENTION: PERMISSIONS COORDINATOR" a la dirección de aquí abajo.

www.janesinspiration.com

Jane's Inspiration, LLC
Dirigido a Jane de Forest
129 Pendleton Way #937
Washougal, WA 98671

El Amor Nunca Muere Un Artista Psíquica Ilustra Historias Reales De La Otra Vida

Ilustrado por Jane de Forest y Tara de Forest

Edición en español
ISBA 978-1-947369-02-3

A mi familia

CONTENIDO

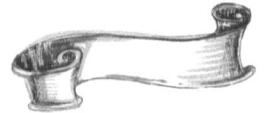

RECONOCIMIENTOS
VI

INTRODUCCIÓN
POR SUSAN CHERNAK MCELROY
IX

PREFACIO
Sabía Que Ibas A Decir Eso
1

CAPÍTULO 1
Dile A Mi Hijo Que Lo Amo
13

CAPÍTULO 2
En El Cielo También Hablan En Chino
39

CAPÍTULO 3
Te Amo Hasta la Luna y De Vuelta
63

CAPÍTULO 4
El Turista Espiritual Accidental
79

CAPÍTULO 5

Mi Conversación Con Ishtar El Caballo

97

CAPÍTULO 6

La Misteriosa Muerte De Max El Perro

115

CAPÍTULO 7

¡Ay! ¡Déjalo!

139

CAPÍTULO 8

Conexión De Parejas—Enamorándose Más Profundamente

157

CAPÍTULO 9

Elle Tomó El Tren Al Cielo

169

CAPÍTULO 10

Liberándonos

185

BIBLIOGRAFÍA

203

SOBRE LAS ARTISTAS Y LA AUTORA

211

RECONOCIMIENTOS

PRIMERO ME GUSTARÍA AGRADECER A todos quienes momentáneamente se me han escapado de la mente pero no de mi corazón, y a esa gente valiente que me ha permitido contar sus historias...Gracias.

Este libro sería sólo una idea, si no hubiera invitado a mi madre, Mariah Imberman de Forest, a que viniera a vivir con nosotros. Ella hizo un trabajo maravilloso editando mi manuscrito. Sin su ayuda este libro no hubiera sido posible. Gracias a Katrina y Sophia por siempre hacer sonreír mi corazón, y a mi esposo, Christopher, quien es mi mejor admirador y fuerza positiva, motivandome sin cesar. A mi maravillosa hija Tara quien hizo la gran parte de las ilustraciones.

Gracias a todos los otros amigos de dos y cuatro patas que dependen de mí. A Linda, mi paciente, brillante y generosa editora, que ahora es mi amiga. Gracias a la librería New Renaissance Bookshop, la Congregación del Nuevo Pensamiento en el Noroeste de los Estados Unidos, y sus dueños, Darlene, Jamie y Claire. Estoy tan agradecida por trabajar con gente tan buena, evolucionada y visionaria. Es mi lugar favorito en Portland, Oregon, USA porque allí puedo realizar Coaching Intuitivo y sesiones, además de enseñar.

También quiero reconocer a la sabia Diosa de las Abejas, Susan, quien escribió una amorosa introducción y quien es miembro fundadora de "Writers of the Purple Sage", un grupo de escritores que se reúnen semanalmente en la biblioteca y a Pixie, también socia fundadora quien ha iluminado mi vida, bendecido mi corazón y quién me ha inspirado por muchos años.

Siento mucha gratitud por Jim, un guitarrista de El Grateful Dead, por la ayuda tan valiosa. Gracias a tí Abby, te amo y a mi Munda, te extraño tanto. Estoy profundamente agradecida con Woody por sus profundos pensamientos y consejos, incluso cuando aún estaba enfermo, te amo muchisimo. Aprecio mucho a mi suegra, la hermosa Eve y a Bob. Gracias a aquellos familiares a quiénes amo con todo el corazón, y quiénes hacen del mundo un mejor lugar.

Gracias a mis amigos por toda su dulzura, apoyo y corazones leales. Gracias a mis ancestros, guías, ángeles y todas esas almas en el otro lado que intentan tan duro llegar a través de mí y hacer de mi trabajo el mejor trabajo de todo el mundo, mi más profundo agradecimiento de corazón.

Finalmente a quiénes me inspiraron: Dalai Lama, Ingo Swann, Uri Geller, Jane Goodall, Jean Houston, Carmen Boulter, Graham Hancock, George Noory,

Correctora de pruebas al español, Lucy Gonzalez, Mena, lucymena1@live.com, Martha Sears, Marthasdesignsstore.com, Magu Velez maguvelez@gmail.com, Tania Moravitz.

Traducción al español, Gabriela Romero
www.beefarmecuador.com

Edición en Español, Mariah de Forest
mdefor1234@aol.com

Diseño de libro de interiores, Gail Cross
gail@azdid.com

EL AMOR NUNCA MUERE

© JANE DE FOREST

LA LECCIÓN

INTRODUCCIÓN

Introducción
por
Susan Chernak McElroy

Autora del New York Times Best Seller,
Animales como Maestros y Guías para el Alma,
y
*Todas mis relaciones viviendo con animales
como Maestros y Sanadores*

JANE ES UN PÁJARO RARO. Que es salvajemente creativa en una multitud de aspectos es cosa maravillosa, pero también ella tiene cualidades únicas en su vida creativa que la hacen — en mi libro — una especie en peligro. Como artista, me identifico completamente con el estereotipo de craeativos como demasiado emocional, temperamental y como diría —"aérea-etérea".

Comúnmente se conoce a este tipo de creativos como que tienen los dos pies en las nubes mucho tiempo. Por experiencia personal debo decir que esto es verdad. Paso una considerable cantidad de tiempo sentada con los ojos desenfocados, reflexionando en reinos imaginarios y elevadas posibilidades. Hay momentos en el medio de una ola creativa en el que encuentro difícil volver a la orilla.

Pero Jane, que puede viajar con gracia entre dimensiones, tiempo y espacio, tiene sus pies plantados firmemente en la tierra. Ella es una artista y medium de enorme y puro talento que enraizado en una base práctica, humildad y humor que encuentro refrescante, divertido y profundamente reconfortante.

Cuando Jane preguntó si podría escribir la introducción de su libro, le dije que quería una sesión intuitiva con ella sobre mi madre, para poder hablar desde una experiencia fresca. Mi madre murió hace seis meses en mi casa mientras estaba siendo cuidada, y he estado reflexionando sobre su partida y preguntándome cómo se encuentra su espíritu. Así que una mañana soleada de primavera, Jane y yo nos sentamos en su terraza con vasos de agua de romero y limón, con el paisaje de verdes tapetes, mirando el oeste de Washington, preparándonos para la reunión con Minnie.

Jane sólo sabía que Minnie murió en nuestra casa y que no teníamos una relación muy fácil. En la mesa con nuestros vasos de agua había un cuaderno de bocetos, un lápiz y su teléfono para grabar. Dentro de la casa, las pinturas de Jane decoraban las paredes. Paraguas Balineses colgaban del techo con luces de navidad intermitentes, como una imitación de la suave lluvia del Noroeste.

Justo la cantidad precisa de rareza de otro mundo, pensé, justo la cantidad adecuada para hacer saber a una persona el misterio y los caprichos que habitan en casa de Jane.

Mientras nos acomodamos en las mullidas sillas de su terraza, pensé en las muchas sesiones intuitivas que había tenido en mi vida, principalmente cuando era considerablemente más joven. Hubo un tiempo cuando casi no confiaba en mí, confiando más bien en la guía de intuitivos, médiums y psíquicos para que me ayudaran a darle un rumbo a mi vida. Encontré muy buena información en esos tiempos y dejé de programar sesiones sólo porque cultivé una mayor fe en mi misma y habilidad para dirigir mi propio camino. Aunque todavía hay veces cuando se me hace casi imposible tomar la suficiente distancia de un problema para verlo con claridad, especialmente cuando el problema es una persona, una relación. En dichos casos, una buena sesión intuitiva puede valer un año de terapia profunda. Créanme esto. Mi trasero ha visto su parte de sofás de terapeutas.

Se me ocurrió sentada en el sofá en ese bello día, que lo que busco en un intuitivo es exactamente lo mismo que busco en un buen terapeuta: alguien que es dotado, que es apasionado sobre el trabajo y quien me hace sentir segura. No es fácil abrirte con los más íntimos detalles sobre tu vida con otra persona. Mucho más importante para mí que los testimonios o títulos, es que yo tenga un profundo sentimiento de seguridad previo a que cualquier trabajo comience. Seguridad primero, Minnie lo decía siempre.

Los dones intuitivos de Jane son asombrosos, a la vez ese sentimiento de un puerto seguro, autenticidad, y sensibilidad enraizada en la tierra que trae en su vida y en sus sesiones intuitivas—todas estas cosas me hacen apreciarla. Sabía que Minnie y yo estábamos en buenas manos esa tarde.

La sesión comenzó con Jane cerciorándose o chequeando si podríamos encontrar a Minnie. Durante el proceso ella compartía algunas impresiones que sentía mientras establecía contacto con mi madre. "Necesito estar por lo menos ochenta por ciento segura de la información que recibo para tener la certeza de que es realmente Minnie con quién estoy hablando" dijo Jane, sus manos trabajaban en su cuaderno de bosquejos, dibujando símbolos y un pequeño retrato de mi madre. Jane revisó una lista de hechos y detalles de la vida de mi madre, todos ellos correctos.

"Creo que la tenemos aquí, ¿no crees?" preguntó Jane.

"Si, ella es Minnie", me reí.

"Minnie me muestra que en un punto de su vida ella tuvo la oportunidad de volar, pero no la tomó. Se hizo pequeña y se mantuvo al margen intencionalmente", me dijo Jane. "¿Te parece eso correcto? No estoy clara si literalmente quiere decir volar o no, aunque veo un avión".

"No, no, literalmente" respondí. "En sus veintes, le ofrecieron una carrera con EF Hutton en New York, donde manejaría la nómina de sueldos. Ellos querían que ella creciera con la compañía. Sin embargo, ella dijo que sólo quería ser madre y lo dejó. Luego de eso realmente se hizo pequeña. Su vida era su jardín y nosotros dos. Siempre pensé que todo era muy pequeño para ella. Ella vivía a través de mi hermano y de nuestros logros y estaba constantemente ansiosa y decepcionada con la vida".

La sesión continuó con Jane hablando por Minnie, y Minnie disculpándose por lo que su pequeñez y frustración habían hecho a nuestra familia. Minnie podía ver sus errores claramente ahora, dijo Jane—estaba con remordimiento y lo lamentaba.

Jane no podía saber que yo necesitaba escuchar esa disculpa. Desde la muerte de Minnie yo andaba cargando mucho enfado sobre la miseria que nos cobijaba a mi hermano y a mi, especialmente en sus últimos años. Minnie había sido toda su vida el tipo de chica como un vaso medio vacío. Entonces, a sus ojos, mi hermano y yo también estábamos medio vacíos, nunca realmente llenos. Jane compartió más sobre la nueva comprensión de Minnie de su vida en el planeta Tierra, y de las cosas que fueron sus éxitos y fallas.

"Minnie quiere saber si la puedes perdonar, aunque sea solo un poco". Los ojos de Jane se encontraron con los míos. "Dice que tu enfado le hace daño en el otro lado y retrasa la sanación que ella tanto necesita hacer para sí misma y todos ustedes".

Sostuve mi aliento. Finalmente suspiré de alivio. "Sí, empezaré a perdonarla. Empezaré aquí mismo, hoy. Tomará tiempo, pero empezará hoy".

Continuamos hablando un buen rato, pero casi había dejado de escuchar luego que Jane dijo la palabra "perdón". Yo sabía que ese sería el huevo de oro que me llevaría de la sesión. Cuando dejé la casa de Jane esa tarde me fui con mucho que reflexionar. Mi empañada relación con Minnie se había limpiado un poco. Tenía mucho trabajo que hacer pero las palabras de Jane me habían traído un profundo grado de paz. Algo así no tiene precio en este mundo!

En lugar de sentarme frente a la mesa a preguntarme sobre el misterio que es Jane, este libro será — no realmente, pero casi — suficiente. El mismo es un misterio, y una puerta hacia otros reinos que pasan a nuestro lado todos los días y no son vistos. Además es muy divertido leerlo por que Jane es una chica interesante.

Este libro no es solo una guía turística hacia las dimensiones desconocidas de Jane, sino para este mundo también, con tierra flores y festines donde nuestros pies deben estar confiadamente plantados, hasta que liberemos nuestras alas y volemos.

Jane no podía escribir un libro únicamente acerca de su trabajo intuitivo, porque Jane es mucho más que sólo eso, así que en estas páginas encontrarás recetas, sugerencias de viajes, proyectos de arte, meditaciones guiadas y más, para conducirte sutilmente, confiada y felizmente en tu camino.

Y cuando hayas terminado de leer el libro y encuentres que incluso este delicioso banquete de palabras, ánimo, ideas e inspiración, no es suficiente para llenarte, también, quizás tú te encuentres algún día sentado con un vaso de agua de romero y limón en su terraza admirando el Monte St. Helens, escuchando atentamente y oh, con mucha gratitud, a los mensajes del otro lado del velo. Y debo decirlo, es el lugar perfecto para estar.

Susan Chernak McElroy

PREFACIO

Sabía Que Ibas A Decir Eso

*Debemos soltar la vida que hemos planeado,
para poder aceptar la que nos espera.*

JOSEPH CAMPBELL

DESPEGANDONOS

A VECES LO QUE LA GENTE NECESITA ES volver a la pista y cambiar su modo de pensar. Esto contribuye en una buena porción a mi trabajo — y es un privilegio y bendición permitirme presenciar el exquisito poder interior, sabiduría y luz de compañeros viajeros en el sendero de la vida. La gente es verdaderamente hermosa por dentro. No es inusual que fluyan las lágrimas cuando emociones reprimidas por meses, años o décadas salen a flote a la superficie. Algunas almas preocupadas ganan compasión al entender la perspectiva de su traidor o abusador. Muchos redescubren la libertad y fuerza para recoger las partes de sí mismos esparcidas sobre

2017© JANE DE FOREST

el campo de batalla de la vida. La vida puede ser muy dura, pero no necesitamos luchar solo a través de la fuerza de voluntad—tenemos herramientas valiosas de visiones e intuición disponibles si las pedimos.

Tienes un efecto mucho más grande de lo que siempre imaginas sobre el mundo a tu alrededor. En mis consultas intuitivas con clientes, he presenciado repetidas veces que cuando las personas cambian su modo de pensar, cambia su realidad en ese momento. Percibiendo meramente la realidad como dimensional en lugar de plana, como una bola disco de los 70 (las recuerdo bien), la gente puede comprender visceralmente que hay muchos lados en una historia.

La "historia" que mucha gente se cuenta a sí misma sobre su

realidad es verdadera, pero es sólo verdadera desde un punto de vista. Usualmente hay muchas otras personas que tienen una versión completamente distinta de esa misma "historia". Cuando la gente cambia su pensar, yo puedo percibir cómo ese bloqueo en su campo energético se derrite en un instante. La sanación sucede frente al ojo de mi mente en tiempo real. El proceso no es nada menos que milagroso y uno de los aspectos más empoderadores del trabajo que realizo. Cambiar nuestra realidad es el principio para cambiar el efecto que tenemos en otros y en el mundo.

LIEGAR A CASA DESPUÉS DE LA MUERTE

DESARROLLO DEL ESPECTRO INTUITIVO

CUANDO ANCESTROS O ÁNGELES, DIOS o el Universo, o tu propio auténtico yo te envían un mensaje, es normal y natural entender esa comunicación. Se supone que debes "captarlo". Todos los animales tienen instinto, desde la supervivencia y la necesidad de pelear o correr, hasta la receptividad sexual en una pareja potencial — es innato. Tú estás diseñado con los receptores y traductores adecuados para decodificar tu propia información, y esta guía casi siempre es precisa y benevolente. Parecería ser que el Universo nos favorece — sí, ¡Dios está de nuestro lado! Tenemos muchísimo más poder individual del que nos damos cuenta y tenemos acceso a información más allá de nuestro limitado cerebro físico.

Consciencia, la consciencia despierta, es el primer paso para cultivar tu segunda vista. A veces el efecto ocurre instantáneamente, con una cascada de percepciones, pensamientos y cambio de acciones. A veces se requiere un seguimiento con "tareas" para quienes están motivados a cambiar. Típicamente propondría un ejercicio de treinta a cuarenta días, dependiendo dónde esté el cliente energéticamente. En realidad soy una intérprete, ayudando a la gente a reconocer códigos y símbolos únicos para ellos, así, mis servicios de asesoría eventualmente se vuelven innecesarios. Conocimiento es poder. El auto empodramiento surge naturalmente cuando las personas eligen abrir sus mentes y corazones a la comunicación simbólica de un universo vivo.

Mucha gente no está interesada en escuchar teoría exótica, sino que prefiere usar su información intuitiva para estar alineada con lo que es auténtico dentro de sí misma.

Seguro que ganar la lotería sería grandioso, pero lo que generalmente buscamos es tomar mejores decisiones, ser felices y mejorar nuestra vida duraderamente. La gente no quiere sentir vacío y vivir vidas sin sentido. Un buen porcentaje de mi clientela está interesada en desarrollar sus habilidades intuitivas. Con un poco de instrucción y práctica, una persona promedio puede dar asombrosas zancadas, no sólo cultivando, sino también utilizando su instinto intuitivo natural. Este tipo de sabiduría intuitiva hace sus vidas más enriquecedoras.

TRABAJO INTERIOR

CUANDO RECIÉN COMENCÉ A ENSEÑAR el desarrollo del sexto sentido, mi madre se preguntaba si estaría "entrenando a la competencia" al dejar el gato fuera de la bolsa. Estoy felíz de compartir — mi meta es ayudar a empoderar a las personas a través del desarrollo de una mayor percepción. Al compartir conocimiento del poder dormido dentro de nosotros que puede ser despertado, compartimos auténtico empoderamiento. Es el tipo de poder que no se puede retirar con legislación, robo o destrucción. Es un auténtico magnetismo personal y fuerza que puede hacerle frente a la injusticia y hacer una diferencia positiva en el mundo.

Podemos asegurar un verdadero cambio positivo al empoderarnos nosotros primero, por medio de la transformación interior. Desde ese sitio empoderado no necesitamos salvar el mundo porque el mundo automáticamente cambiará desde dentro hacia afuera. Mi predicción es que en un momento dado, cuando las suficientes personas descubran lo poderosas que son y cómo las decisiones que tomen afectan nuestra realidad, la masa crítica cambiará la marea.

LO QUE HE DESCUBIERTO COMO INTUITIVA PROFESIONAL

COMO INTUITIVA PROFESIONAL, he aprendido a descubrir información que ha sido extremadamente servicial para ambos mis clientes y yo. Aquí están las diez principales lecciones y los mensajes primarios de las historias de este libro.

1. El amor nunca muere; el amor que es compartido entre personas y animales existe por siempre como un enlace compartido.

2. Tú nunca morirás; tu cuerpo es descartado como un disfraz cuando tu energía o propia alma regrese a casa.

3. Verás a tus amados y animales otra vez.

4. Hogar, cielo, "el sitio entre vidas", nirvana...es un sitio real, pero no podemos llegar ahí usando nuestro cuerpo de disfraz. Podemos visitarlo en sueños, experiencias eufóricas y a través de disciplinas regulares de mente-cuerpo-espíritu como kundalini yoga, ayuno y meditación.

5. Cuando estamos en el hogar del cielo, o "el sitio entre vidas", hacemos algo. Parece ser que las almas en el otro lado están ocupadas...y aman lo que hacen.

6. Nuestra casa temporal en la tierra es un tipo de escuela, aunque de escuela primaria, donde estamos para aprender lecciones básicas.

7. Escogemos a nuestros padres, amigos cercanos y parientes dependiendo de nuestras situaciones básicas de vida antes de entrar a esta. Aunque encarnamos con almas relacionadas, raza, género y estado socioeconómico difieren dramáticamente de vida en vida.

8. Tenemos libre albedrío para elegir amor u odio, así que nada está predeterminado. De hecho hay un lazo de retroalimentación, a veces llamado karma o "lo que se da, regresa".

9. Es más fácil resolver conflicto y dejar atrás heridas pasadas y resentimientos mientras estamos en la tierra. Aunque pensamientos y sentimientos negativos pueden afectar a nuestro seres queridos después de la muerte, tenemos el poder de sanar relaciones interpersonales a través del velo.

10. Ese recurso no explotado de energía de vida-fuerza contenida adentro y circulando a través del cuerpo/mente humana se puede utilizar. Conocido con una variedad de nombres, esta energía vital o fuerza puede ser optimizada.

EL PANORAMA Y EL DIBUJO DEL PANORAMA: LO QUE VEO CON MIS OJOS CERRADOS

VER Y ENTENDER INFORMACIÓN NO ALINEADA es una obviedad para mí. Como una artista clásica-entrenada, símbolos, visiones y sueños son naturales y cómodos. Empleo una técnica de dibujo automática. El dibujo que hago retrata el campo energético alrededor del cliente además de imágenes flotando alrededor de él.

A menudo dibujo representaciones de personas que han muerto para este mundo, pero que han retornado a visitar en una sesión.

Uno de los aspectos más fascinantes del trabajo intuitivo es que yo tengo el honor y privilegio de ver la parte auténtica de la consciencia de una persona, o sea, su alma. Veo amor, alegría y la exquisita naturaleza de las personas que brilla a través de luz que se mueve, colores y formas. También percibo algunos niveles de campos de energía correspondientes al cuerpo físico, la mente o consciencia, y el campo emocional. Entre estos niveles hay concentradores de energía en partes internas de la columna, y en un punto arriba en la coronilla. Se conocen como chakras.

Durante una sesión intuitiva, a menudo puedo saber si una persona se adoctrina en alguna religión o si tiene una perspectiva universal de lo Divino. Alguien criado como Budista tiene una forma de pensamiento completamente diferente a la de alguien con antecedentes Cristianos, por ejemplo. Los pensamientos de la gente lucen y toman diferentes formas, dependiendo de la ideología de la persona — y la luz es siempre hermosa.

Alguien que medita usualmente tiene una calidad espaciosa de mente, como un cuarto vacío. Carga mental y emocional se ve a menudo como cajas en una repisa — aquellos que han dejado atrás "cosas" negativas como amargura, resentimiento o juicio, tienen sólo unas pocas cajas descansando impecables en la repisa de sus mentes. No es poco común para mí ver gente con bloqueos que se ven como áreas grises nubladas en su campo energético. Casi todos se encuentran conmigo porque están estancados en sus vidas. Es chistoso, pero un cliente puede decir una cosa y su campo energético puede revelar algo bastante diferente. A veces el vernos nosotros mismos es la tarea más difícil de todas. Como artista soy capaz de dibujar la mayor parte de lo que veo con mi sexto sentido y mis clientes aman poder llevarse a casa el trabajo artístico para contemplar y referirse al arte mientras el futuro se desenvuelve.

Puede ser el futuro predicho? Sí. La única advertencia — tenemos libre albedrío, por eso no veo la vida como un destino, sino veo el futuro como potencial en forma de "tendencias". Esas son buenas noticias. Tenemos el poder de influenciar nuestra realidad en el momento y reinventarnos. Siempre hay otra oportunidad.

ESTE LIBRO

EN ESTAS PÁGINAS COMPARTO mi historia de la manera más auténtica posible, con la esperanza que mi mensaje ayude a alguien, en algún lugar y de alguna manera. Todas las historias en este libro son reales, así como las cartas que siguen a cada historia, aunque en algunos casos he cambiado nombres o lugares, o ambos. A veces he borrado partes extrañas o he cambiado el orden de los eventos para crear una narrativa fluida. Invito a usted a no creer literalmente mis palabras y apuntarte más bien a los conceptos y sentimientos que yacen debajo. Estoy intentando humildemente describir cosas en idioma sencillo, que expresan sentimientos, símbolos, o simplemente definir lo inefable.

He traído conmigo descubrimientos e ideas, con la esperanza de descascarar algo de luz en el terreno de los dilemas y las negociaciones de la vida, o como la llamo yo "la escuela del planeta". Te aliento a enfocarte en este material con mente abierta y llevarte sólo lo que te resuene. Si solamente el ochenta por ciento encaja, te aliento a que dejes el veinte por ciento restante que no encaja y no deseches el concepto en su totalidad. Puede ser más importante a veces soltar nuestras viejas creencias para poder abrirnos a nueva información.

Mi objetivo es abrir tu mente de a poco y gentilmente hacer bailar a tu corazón, para finalmente inspirarte a desarrollar tu sexto sentido y ponerte en contacto con lo que realmente es auténtico dentro de ti.

Porque cuando estás en contacto con lo que es auténtico, te estás empoderando. Como resultado, todos nos hacemos más fuertes. Y realmente el mundo se convertirá en un mejor lugar, gracias a tu autenticidad. Por favor relájate y disfruta de éstas historias que provienen del otro lado de la vida y sus compañeros viajeros de senda.

Namaste,
Jane de Forest

He aprendido que las personas se van a olvidar de lo que digas,
las personas se olvidarán de lo que hagas,
pero las personas nunca se olvidarán de cómo las hiciste sentir.
MAYA ANGELOU

CAPÍTULO I

DILE A MI HIJO QUE LO AMO

Dile A Mi Hijo Que Lo Amo

LA MADRE DE COLE, O EN REALIDAD EL ESPÍRITU DE KARA, me despertó a todas horas de la noche hasta que su historia estuviera completa. La intención original era escribir esto como un recuerdo que Cole puediera leer cuando estuviera listo. ¿Qué mejor que una carta de amor del otro lado, un mensaje de una madre con devoción inmortal y amor incondicional para el hijo que ella dejó atrás? Pero la historia de Cole creció en este libro que estás sosteniendo en tus manos, y si no me hubiera despertado urgentemente esta madre adorada para escribir esta historia que estás a punto de leer, este libro jamás habría fructificado. Estoy profundamente agradecida con la familia de Kara por permitirme el relatar esta poderosa historia. La mayoría de nombres y locación no han sido cambiados.

> *Porque la vida y la muerte son uno,*
> *así como los ríos y el mar son uno.*
> KHALIL GIBRAN

EL AIRE TRONABA MIENTRAS un helicóptero rojo de emergencia volaba por sobre los suburbios de la subdivisión en el Suroeste de Washington. Cole se encontraba absorto con su tarea del quinto año escolar en la mesa de la cocina. Él instintivamente se levantó y observó la imagen por la ventana en aquel soleado Día de la Madre.

—Abuela ven a ver —. llamó él a su abuela Gigi.

Gigi se encontraba ocupada en la cocina pero dejó su toalla a un lado y se juntó con su nieto. Juntos observaron como el distintivo helicóptero rojo se movía hacia abajo a través del cielo, de este a oeste. Ambos se sintieron obligados a mirar, parecía volar en cámara lenta.

—Nunca he visto un helicóptero salvavidas volar tan bajo y cerca de las casas. Alguien debe estar herido, Cole. Enviemos energía sanadora hacia ellos —. La preocupación de Gigi hacia un extraño era típica de su bondadoso corazón.

Imaginando amor y compasión envolviendo a la persona herida en el helicóptero, Gigi y Cole enviaron rezos y buenas intenciones. Después de unos minutos, un cálido desborde de amor y compasión inundó a Gigi. Parecía como si sus bendiciones y energía de amor fueran devueltas con creces. Eso nunca había sucedido antes en todas las veces que ella había enviado buenas intenciones a las personas que pasaban dentro de las ambulancias. En este día de primavera algo era extraño y maravilloso. A ella le parecía como si estuviese viviendo dentro de un sueño lleno de flores abiertas, grandes nubes blancas hinchadas, y el helicóptero rojo salvavidas. Pero ese día de ensueño tendría un final surrealista, uno que nadie podría haberlo imaginado.

En camino hacia la unidad de trauma en el Hospital Emmanuel, el paciente en el interior del helicóptero de emergencia estaba

2017 © JANE DE FOREST

EL AMOR NUNCA MUERE

perdiendo mucha sangre. A pesar de los esfuerzos heroicos de los paramédicos, las heridas de su cuerpo eran demasiado severas y Kara no podría sobrevivir.

A la vez que Gigi, la madre de Kara y Cole el hijo de Kara, observaban el helicóptero, Kara murió en este mundo y nació en el siguiente.

En su temprana vida, el hermoso cabello rubio de Kara y sus penetrantes ojos azules palidecen en comparación con su tierno, y amable corazón. Kara era frágil y sensible. El mundo era un lugar desafiante para ella, a veces cruel y en otras ocasiones, demasiado que soportar. Ahí era cuando solía recurrir a algo que le quitara el dolor: substancias. Esos momentos se volvieron frecuentes.

Kara estuvo dentro y fuera de rehabilitación y su inquietante vida fue una fuente de preocupación para su madre. Gigi estaba frustrada por su inhabilidad para lograr algún cambio positivo demostrable en la vida de su hija, pero hizo todo lo que pudo y lo que estaba haciendo no era un pequeño trabajo. Sin una palabra de descontento o queja, ella y su esposo Leif, criaban a su nieto Cole parte del tiempo. —Es lo que hay que hacer —, solía decir ella. Pero de repente su rol con Cole se convirtió en tiempo completo.

Gigi es una madre de cuatro fuerte, buena y amable, una persona profundamente espiritual quien es amada y querida por sus amigos y familia. Es una activista ambiental y social con una profunda preocupación por la situación de otros menos afortunados que ella. La calcomanía en su carro eléctrico dice "Coexist", las letras creadas de símbolos sagrados de una variedad de religiones. Es como ella veía el mundo: un amor, un espíritu que trasciende toda la vida.

ME INSTALÉ PARA LA CONSULTA intuitiva con Gigi y estaba contenta que la pidiera. Era una mañana soleada y despejada de septiembre en el Noroeste Pacífico, y el tibio sol de otoño se transmitía por las coloridas cortinas alrededor de las ventanas de la casa de Gigi. Afuera estaba sentado un Buddha con las piernas cruzadas, mirando desde la esquina del ordenado patio delantero arrimado en un barranco lleno de árboles. Muchos recuerdos exóticos de tierras lejanas estaban ubicados atentamente en su sala íntima.

Gigi se sentó calladamente conmigo; sus suaves olas de cabello castaño descansando en sus hombros. Me centré y dije una oración, envolviéndonos con luz Crística, cuatro Arcángeles que son mis guías y las cuatro direcciones. Había mucho en juego aquí y me sentí un poco ansiosa, ok, francamente temerosa sobre si podía llegar a Kara en el otro lado del velo que nos separa de aquellos que ya han vuelto a "su hogar". Llamé de nuevo a mis guías, en caso de que la primera vez no me hubieran escuchado, luego abrí la puerta al "otro lado" y oré por protección. Reconocí un sentimiento familiar de calor, como benévolo y algo como una conexión reconfortante hacia todo. Fotografié la imagen en mi imaginación. La bondad amorosa se veía como una red brillante, hecha de amabilidad, amor y compasión. Nada me puede hacer daño me recordé. *Mi intención es ayudar de la mejor forma que pueda y ser de servicio para el Creador.*

Comencé, dibujando a una hermosa mujer en una gala en mi cuaderno de bosquejos. —Kara me muestra una imagen de ella misma y se ve como una estrella de cine! —Con mi sexto sentido veía claramente la figura de una maravillosa mujer usando un vestido. *¿Estaba enseñándome imágenes de sí misma cuando estaba en la tierra? o ¿estaba yo viendo a una celebridad llegando a los Oscars en la alfombra roja?*

—Bueno, se muestra como una estrella de cine glamorosa en un vestido largo negro, peinada implacablemente, envuelta de admiradores —. Estaba aliviada y agradecida de que, primero que todo, Kara apreciara y segundo, que tuviera una línea clara de comunicación con ella. El resto de la sesión intuitiva fluyó fácilmente.

De hecho, fue pan comido, considerando las poderosas emociones en los dos lados del velo.

NOTA: Yo no estoy en control de quién aparece o no aparece desde el otro lado. A veces, ancestros de algunas generaciones atrás a quienes el cliente nunca conoció se materializan; por ejemplo cuando alguien distante como un viejo colega de clases asoma, u otras como cuando alguien cercano aparece, por ejemplo, un padre. Parece que el hacer contacto depende de algunos factores: en parte en mi estado de consciencia y salud y en parte en mi habilidad para interpretar las imágenes. Hacer contacto también depende de la habilidad del espíritu para bajar su vibración celestial y comunicarse conmigo. Algunos amigos en el otro lado son más hábiles en esto que otros. Pero ya desistí en tratar de descifrar éste misterio... yo sólo trabajo aquí.

—Sí —dijo Gigi, —ella era glamorosa para sus congéneres y creo que puedo decir que era la estrella de su propia película. Tenía el "factor X" y la gente era atraída por su carisma.

—Definitivamente ella se apropiaba del escenario y sabía su parte —dije. —Pero veo que ella tenía la "tentación de celebridad": no tenía suficiente respeto para sí misma y de hecho, estoy sintiendo que ella creía que no valía mucho en cierta manera. Su baja autoestima parece haberle causado problemas. ¿Estoy en lo correcto? —Esperaba no haber sido muy dura con Gigi. Estaba trabajando en ser más diplomática.

—Todo demasiado verdadero —respondió Gigi graciosamente.

La escena en mi imaginación cambió. Ahora veía el interior de un centro comercial, escuchaba el sonido y sentí el bullicio de los clientes. Fui atraída a una tienda en particular en el segundo piso, pero no pude ver el nombre.

—Me muestra la fachada de un almacén en un centro comercial. Creo que dice que es importante. ¿Te suena?

—Si, si. Kara trabajó en el Mall de Vancouver en una tienda en el segundo piso —dijo Gigi, inclinándose. Ya se estaba emocionando.

—Veo la tienda desde adentro y hay una puerta en el fondo, al final a la derecha. Es un pequeño almacén que se siente como tienda de vestidos; hay "tchotchkes" en las repisas. Me muestra una imagen de sí misma en el fondo con otra persona, o quizá dos —. Sentí energía oscura alrededor de una de las personas allí. Estaban manchando la luz de Kara. Dibujé el plano del sitio en la esquina de la representación, con un pequeño cuarto en el fondo. Pensé que quizá hubiera alguien que la visitaba allí.

—Están haciendo travesuras —dije como un eufemismo, —y Kara me dice que fue aquí como y cuando sus problemas comenzaron. ¿Tiene esto sentido? —pregunté, sin dar todos los detalles. Tenía que balancear a ver si la información sería de ayuda o demasiado dolorosa en este punto, entonces intenté enfocarme en el tema lo más suavemente posible.

—En retrospectiva la información parece tener sentido. Trabajó en una tienda pero la puerta estaba a la izquierda.

Cerré mis ojos, accediendo a la información intuitiva acerca del interior de la tienda. De nuevo, vi la puerta en la derecha.

—Todavía veo la puerta a la derecha —. Dije, ahora un poco tentada de dudar de mi misma.

—No —. Dijo Gigi inflexiblemente, —es a la izquierda.

Oh, demonios, pensé. Detesto cuando esto sucede. Miré atentamente la imagen en mi mente. Intenté poner la puerta en la izquierda, pero se movía a la derecha nuevamente en mi visión. De nuevo empujé la puerta a la izquierda y se movía sola a la derecha otra vez. *Hmmm, bueno, entonces, solo voy a continuar, es solo un pequeño detalle*; me molesté conmigo misma, estaba más del ochenta por ciento correcta, un criterio que me impuse. De todas formas me sentí un poco decepcionada.

Estaba bastante segura que ella era Kara, la hija de Gigi, que realmente sobrevivió a la muerte — por lo menos su alma lo había hecho, porque, diantres, yo estaba hablando con ella. Gigi estaba emocionada por la posibilidad de que el alma de su hija estuviera allí en la sala con nosotras y yo estaba emocionada por haber logrado contacto.

Kara sí vivía, sólo que no en un lugar donde Gigi la pudiera tocar.

La muerte de Kara fue la pérdida más grande en la vida de Gigi y las palabras no pueden explicar su sufrimiento, como un dolor en sus huesos — más allá del tiempo universal, un enfermizo tormento compartido entre todas las madres que han perdido hijos. Un espacio vacío.

Aunque al mismo tiempo había una alegría abrumadora, Gigi había sentido la presencia de su hija antes, pero ahora creía en esta conexión a un nivel más profundo. Nuestra conversación no era nueva información, pero buena confirmación para su madre: Kara había sobrevivido la muerte física.

El cuarto de una pequeña niña vino a mi panorama, pequeñito y dulce, con una tela de azul diáfano moviéndose suavemente por una brisa. Respiré profundamente y me centré otra vez.

Un tibio flujo de energía me bañó y permití que mi consciencia se convirtiera en parte de la escena. El dulce, seco olor del verano se filtró a través y pude ver el brillo de tela azul ondeando frente a una pequeña ventana.

—¿Tenía Kara una cortina color azul clara en su cuarto cuando era pequeña? —Nos sentamos en silencio unos pocos momentos mientras Gigi rememoraba.

Hubo una larga pausa antes que Gigi dijera: —Sí la tenía y amaba ese cuarto que decoré para ella. Lo había olvidado —dijo Gigi con un tono lejano, mientras parecía recordar la pequeña niña que hacía florecer alegría en su mundo.

Un cruce de caminos llegó al panorama en mi mente, luego un prado. Tenía el sentimiento de que Kara había estado en este sitio antes. Un canal de información venía rápidamente. El flujo creció de un riachuelo a un río, luego a un torrente. Vi la imagen de un pequeño prado rodeado de árboles de pino y se me mostró un blanco — un blanco de tiro posiblemente. Mientras me mezclaba con los pensamientos de Kara yo podía sentir sus pensamientos y sentimientos.

El espíritu de Kara se comunicaba conmigo diciendo, *Esto fue sólo una obra de teatro, ¡una película! Tuve cosas que aprender cuando estaba viva, pero me enganché en el drama. Todo parecía tan real.*

Las circunstancias difíciles en las que se encontró eran abrumadoras, todo fue demasiado. Podía sentir lo que ella sentía. Yo (Kara) me sentía atrapada, como que no había forma de salir del lío. Estancamiento. Yo (ella) simplemente no podía ver la forma de escapar de esa mala situación. Nada tenía sentido.

El abrumador sentimiento de confusión y desesperación era tan pesado que la experiencia estaba drenando mi energía. Separé mi consciencia de la suya y floté arriba de la escena.

Mi cuerpo suspiró inadvertidamente.

En ese día de la madre, Kara fue a una remota área de práctica de tiro al blanco con pistola y disparó un par de vueltas. Luego puso la pistola en su cabeza.

Mis ojos se llenaron de lágrimas. A veces cuando mi corazón está abierto, es difícil separarlo de la emoción de la sesión, era el caso ese día.

—Bueno, Kara está aquí y su espíritu vive. Me está mostrando una escena en el prado y explicándome que sintió que no había manera de salir —. Abrí mis ojos para chequear a Gigi, quien estaba abatida pero compuesta. —Ella se da cuenta que su decisión afectó a muchas personas. Estaba confundida y no quiso hacerte daño ni a tí ni a nadie. Tengo la impresión que hubo otras vidas en las que ella se quitó la vida. Esa información no puede ser verificada pero la energía se siente vieja.

NOTA: El concepto de reencarnación del alma, que es eterna, involucra regresar muchas veces a una forma física en el cuerpo humano mortal. En estos tiempos el alma entra en un bebé y se queda por una vida, sólo para irse cuando la persona muere. El alma de una persona o animal tiene un sentir de inteligencia antigua y es se podría decir que está hecha de algún tipo de luz, pero se me hace difícil definir en palabras este aspecto eterno-inteligente y creativo.

DESDE MI PUNTO DE VISTA como intuitiva, cuando las personas mueren, solo pierden sus cuerpos y alguna memoria, pero la verdadera esencia de quiénes son continúa viviendo. De lo que he "visto" y de lo que he aprendido de las muchas personas con las que he trabajado a través de los años, las almas regresan a la tierra de grupos de familia. Nuestros parientes son a menudo las mismas almas con las cuales hemos reencarnado antes pero toman diferentes roles en nuestra película personal. Cada vida es una producción diferente moldeada desde el mismo gremio de actores, o lo que yo y otros llaman una familia-almica, grupo o congregación de seres queridos.

En las próximas vidas se puede ser una hija o padre o posiblemente un vecino. La vida de la tierra tiene muchas de las características de una obra con guión propio, sin embargo, el comodín es el libre albedrío. Parecería que elegimos nuestra vida con la ayuda de nuestros guías o ayuda de un ser espiritual no físico.

Esta idea de que tenemos libre albedrío y elegimos las circunstancias de nuestras vidas cobija una luz completamente diferente en el sufrimiento. Sí podemos elegir por ejemplo el nacer en una vida sin dificultades entonces es imposible el autovictimizarse. Entonces el "yo no pedí nacer" es erróneo.

Aunque ésto es lo que yo creo, no estoy cien por ciento segura del escenario que observo. Pero lo que esta revolucionaria idea garantiza es el cambio de mentalidad de impotente a empoderado; el cultivo de nuevas direcciones, visión y por último, sabiduría y alegría. Al cambiar el estado de consciencia del concepto de ser meramente el personaje de una película maltratado por los vientos del destino, o un guionista cósmico, la persona se vuelve el protagonista de su propia película.

Decisiones tomadas con libre albedrío pueden verse pequeñas o gigantes, pero impactan el alma profundamente, como por ejemplo, dejar la "película" o la vida temprano, al tomar nuestra propia vida. Mientras no parece que haya castigo al otro lado de la vida y la muerte por cometer suicidio, parece que hay ramificaciones para el espíritu que ha elegido eso, o alguna consecuencia kármica por esa acción tomada.

—Kara me está mostrando una imagen —continué, —de sí misma sosteniendo un bebé. Está en un tipo de maternidad o guardería. Se ve como la guardería del cielo. Que increíble, comenté. —Hay cunas en fila y ella me dice que pasa mucho tiempo cuidando a estos bebés. Su energía es fuerte. Está radiante, brillando de amor. Gigi — ella está contenta. Más importante que nada, está en paz.

Gigi se veía diez años más joven.

SERÁ TAN FUERTE
COMO UN SEMENTAL

—¿Le gustaban los bebés en esta vida? Porque ciertamente se siente como que así fue.

—Kara trabajó en una guardería. Los niños se enamoraban de ella y ella de ellos. Era una de las empleadas más populares allí y extremadamente talentosa con los bebés —dijo Gigi.

—Siento que los bebés que veo con ella ahora seguramente murieron por alguna razón y han regresado a casa en el cielo donde ella los está ayudando. Siento que ella está siendo guiada para nutrirlos y que hacer este trabajo es importante para su sanación y también para aprender algo. Quizá esto está pasando para que ella no elija esa salida otra vez en otra vida. No estoy completamente segura de ésto, pero entiendo que ella está aprendiendo que la vida en la tierra es un tesoro que no tiene precio, un regalo que se nos ha dado. Nuestros cuerpos son sólo prestados. No nos pertenecen, pero son un vehículo para el viaje terrestre —le dije y me dije que para mí sería lo mismo.

—Ella está en un buen lugar y está bien que esté aprendiendo —continué. —También me está diciendo que ella realmente aprecia a su padrastro. No eran cercanos, pero ella está profundamente agradecida por lo bien que te trata. Dice que ¡realmente te adora!

Gigi sonrió para sí misma. Leif, luego supe, era un abnegado, fiel esposo y su mejor amigo. (Estoy contenta de decir que he llegado a contar con Leif como un buen amigo también.)

Mientras tomé un descanso y encontré mi centro, pezuñas galopantes tronaban en mi cabeza. Tuve la impresión de un brillante caballo semental negro galopando en una loma empinada, su melena volando con el viento y sus fosas nasales acampanadas. Estaba orgulloso y poderoso: me di cuenta que este semental simbolizaba al hijo de Kara, Cole. ¿Me decía Kara por medio de símbolos que su hijo sería fuerte y poderoso? El caballo era salvaje, pero Cole era sólo un niño de 11 años.

Quizá me estaba mostrando un futuro potencial. Parecía decir que el semental debería ser "amansado" para que no corra salvajemente.

Intuí que Kara apreciaba mucho el acercamiento estructurado de su madre hacia Cole, lo que asumí que incluía una política para las tareas, disciplina y una vida de hogar predecible. Kara me decía sin palabras que Cole crecería para ser una fuerza de bien para el mundo, que si se quedaba en su camino angosto y recto, le iría bien — muy bien.

Kara tenía un mensaje aún más importante para Cole y era distinto. Yo podía discernir la tibia e íntima comunicación sin esfuerzo.

—Gigi, Kara quiere que Cole sepa que ella lo ama. Y que siempre estará cuidándolo.

Tomé una respiración profunda para calmar los latidos de mi corazón. Sentí el cariño, admiración y amor felino por su hijo. Había golpeado la vena de oro, si no la roca materna de amor, una emoción tan poderosa que puede mover montañas. La pérdida de Cole parecía tan pesada, el precio tan alto. Su vida cambió profundamente en ese día de la madre.

—A veces él podrá sentir su presencia, como cuando está sentado en su computadora en su escritorio. —Yo seguí describiendo el sitio de su escritorio. —Cole sentirá a su madre como una tibia ola de amor.

Estuvimos en silencio por un momento. Tuve la impresión de volar y podía sentir la sensación de gran altura con aire tibio bajo mis alas. Una térmica. *De alguna manera esto es significativo*, pensé. *Quizá regrese como un pájaro.* —Me llega el sentimiento de Kara que tiene algo que ver con el vuelo de un pájaro. Sé que puede parecer extraño, pero los espíritus tienen la capacidad de influenciar el mundo material. He visto que ha sucedido esto muchas veces. Los animales son una forma común para los espíritus de comunicarse con aquellos que aún están vivos en la tierra. De todas formas sólo pongo este sentimiento en la mesa. Siento que podría haber una importante visita de un amigo bien emplumado, si sabes a lo que me refiero.

—Guau, Kara hablaba mucho de volar en sus sueños. Y esto es más que interesante, porque ella le dijo a Cole que estaría con las aves.

Gigi siguió explicando que en los lapsos cuando Kara estaba en rehabilitación o de juerga, para Cole era duro porque extrañaba mucho a su mamá. Kara lo tranquilizaba diciéndole que estaba siempre con él; que si no estaba a su lado, estaría con una bandada de pájaros, así que él sólo tenía que mirar por la ventana.

—Si Cole mantiene sus ojos abiertos podrá reconocer a Kara. Y más importante, deberá mantener su corazón abierto. Cuando el tiempo sea correcto, hazle saber que él no habría podido impedir su suicidio. Esa acción era suya, no tenía que ver con Cole. Escogió la puerta trasera, si se puede decir y de lo que capto, estaba aterrorizada y confundida sobre muchas cosas. Ella lo ama más de lo que las palabras pueden describir. Ir al cielo temprano fue su decisión. Por favor, hazle saber que su muerte no fue su culpa. Su situación estaba más allá de él y no había nada que hubiera podido hacer para cambiar lo sucedido. Su amor era suficiente para ella — él era suficiente, pero no para hacerla quedarse. Nadie lo era. Simplemente estaba con demasiado dolor.

Dejé un poco de espacio emocional y silencio para que Gigi pudiera digerir toda la información. La sesión me estaba cansando también a mí...de hecho estaba exhausta para ser honesta. Luego mi cabeza comenzó a palpitar con energía y el epicentro parecía venir de algo en la esquina de la cocina de Gigi. Sabía que la firma de esta energía venía de un cristal y también se sentía como una divinidad, como Shiva o Quan Yin.

—Hay un cristal en la esquina de la ventana de tu cocina? Ella me muestra algo que tiene energía, algo que suele verse como un arcoiris cuando la luz le pega. Es importante de alguna manera dije.

—Ahí es donde tengo un cristal y una estatuilla de un Ángel Guardián que puse para ella. Ahí también le hablo —respondió Gigi.

—Me está enviando un sentimiento de gratitud —le respondí.

—Ella verdaderamente aprecia tus oraciones y buenos deseos. Le están ayudando dónde está ahora. Los arcoiris son una manifestación energética desde el otro lado de cómo ella puede ver la intención de tu oración. Esa energía la está ayudando a sanar. —(Este es otro ejemplo de cómo afectamos a nuestros seres queridos en el otro lado.) —Está muy agradecida de la vida de hogar y maravilloso ambiente familiar que creaste para ella. Ella NO quiere que te sientas culpable. Su suicidio NO fue culpa tuya tampoco —le advertí.

Un sentimiento de amor incondicional me envolvió, como un estadio de unas 30.000 almas aplaudiendo y animando. Kara estaba intentando asegurarse que yo no perdiera señal y pude sentir mi campo energético florecer y expandirse en respuesta. Kara estaba enviando un gran Te Amo a su madre.

—Me muestra cuanto te adora; muchísimo. Tu eras la mejor, quiero decir tú *eres* la mejor. ¡Bravo y los aplausos de pie del auditorio de un estadio olímpico lleno!

Debo decir que me siento tan afortunada de que se me permita experimentar la energía que los espíritus envían a sus seres queridos. Esta experiencia sin duda ha cambiado mi manera de ver el mundo. A través del don de poder comunicarme con espíritus al otro lado, tengo un mejor entendimiento de que definitivamente, el amor nunca muere. El amor vive, persiste y sobrevive. Cuando Einstein dijo que la energía no se puede destruir, sólo se transforma, me pregunto ¿puede el concepto aplicarse al alma o al espíritu?

—Me está mostrando la imagen de Cole. Me deja saber que aprecia todo lo que estás haciendo por su hijo, tu nieto y que ama a Cole profundamente. Kara te ayuda con él todos los días.

Gigi había sentido todo el tiempo que su hija estaba viva de alguna manera, en algún lugar, en alguna forma. La sesión confirmó sus sospechas y en cierta forma se demostró que lo peor había pasado. Ahora Gigi podía hundirse en los mensajes de amor eterno de Kara y por supuesto mientras el dolor de la pérdida nunca se irían, por lo menos podría comenzar la sanación.

—Entonces ella está bien —dijo Gigi, con un tono aturdido. —¿Hay algo que pueda hacer por ella?

Garabateé la posición de los cubiertos en el mesón de la cocina que vi en mi imaginación y estaba suficientemente segura de que Kara estaba sentada en la silla frente al puesto esperando.

—A ella le gustaría que le pongas un puesto. Veo un individual, servilleta, plato — todo. Me muestra un mesón en tu cocina junto a la pared. A Kara le gustaría que pongas un puesto ahí y almuerces con ella una que otra vez.

—Claro que lo haré, estaré feliz de hacerlo. —Dijo Gigi.

—Ahora veo un ave grande en tu patio trasero o delantero. Es grande, pero no estoy segura que es lo que veo, ¿un halcón? No, quizá un águila, hmm o búho gigante? No, creo que es un pájaro carpintero. De todas maneras el ave es GRANDE. Esto puede que sea simbólico, a veces es difícil para mí descifrar si estoy viendo un evento real o un símbolo que representa algo. —El simbolismo es el tipo de comunicación más utilizado por los espíritus al otro lado para ayudarme a comunicar. —Éste es un mensaje de tu hija. ¿Significa algo para ti?

—Sí —dijo Gigi, parecía aturdida. —El día que Kara se quitó la vida, Cole y yo vimos una garza azul gigante. Con imponente presencia voló a lo largo de nuestra casa y pude ver una buena parte de los detalles. Recuerdo sus patas colgando. La gigante garza azul casi tocó los alerones de la casa y nunca había visto que sucediera esto antes o después. He vivido aquí toda mi vida y ellas simplemente no se acercan tanto a la civilización.

Gigi señaló con su dedo de este a oeste, marcando la trayectoria del vuelo. La misma ruta que el helicóptero de emergencia había tomado.

Sentí escalofríos en toda mi columna. Ciertamente Kara había enviado un mensaje claro y fuerte, uno que Gigi entendió completamente.

CORRÍ PARA ALCANZAR MI teléfono enterrado en algún lado debajo de todos los abrigos en la banca en frente de mi casa.

No había escuchado de Gigi en algún tiempo, así que estaba agradablemente sorprendida cuando escuché su voz. —Hola Jane. Justo estoy en el Mall de Vancouver haciendo unas compras navideñas y pasé por la tienda donde Kara trabajaba. ¿Te acuerdas, la que viste en la sesión? Y por cierto, ¡la puerta está a la derecha, después de todo!

MIENTRAS VEÍA EL HUMO del incienso irse hacia las brillantes banderas de oración durante el funeral de Kara en el Centro Tibetano, hice un trato con el altísimo "Gran Espíritu". Prometí que, como parte de mi trabajo de servicio espiritual, caminaría con Gigi semanalmente durante un año. Raramente faltamos, llueva o brille el sol, granizo o nieve; aquí en el Noroeste del Pacífico tenemos todo.

Caminábamos en Round Lake, un hermoso parque arborizado con sinnúmero de senderos. Un puente de metal sobre un río que es suave en el verano y de furioso torrente en invierno era nuestro punto de retorno.

Guiaba a Gigi sobre el viejo puente de acero y nos parábamos encima de las aguas movedizas. —Necesito arrojar fuera todo lo que ya no necesito cargar —decía, y botaba todas mis preocupaciones y problemas. Gigi lo hacía también.

Antes que el año hubiera terminado confesé a Gigi la promesa que había hecho en el funeral. En retrospectiva, haberla ayudado durante el peor año de su vida se pagó multiplicado por diez, porque durante ese año crecimos de amigas a hermanas.

REPETIDAMENTE KARA ME SACABA de la cama a las 3:00 o 4:00 A.M. para escribir su historia o por lo menos esa fue mi conjetura. Sentía un golpe en mi frente o escuchaba un aplauso alto … a veces me volvía a dormir, sólo para ser despertada después. Al momento que escribía su historia y me había

EL AMOR NUNCA MUERE

2017 © JANE DE FOREST

permitido marearme con los detalles, que se desarrollaron en un caso severo de bloqueo de escritor. Me encontraba frente a mi computador a la madrugada, mirando fijamente con la mente en blanco, a la vez con una urgencia de terminar su narrativa. Ella era persuasiva — mejor dicho obstinada — pero este libro nunca habría sido escrito sin ella. Una vez que terminé la primera edición, Gigi y yo revisamos lo que había escrito, y nos aseguramos que todos los detalles estaban correctos. Ella estaba sorprendida de que yo había nombrado a Kara "Diana" usando un nombre diferente para Kara al principio, porque había cambiado los detalles personales por privacidad, antes que la familia me diera permiso para usar nombres verdaderos. Diana fue el nombre que me llegó. Gigi estaba sorprendida porque Diana era el nombre de la hermana pequeña de Gigi, quien murió siendo infante.

La pérdida de Diana impactó de sobremanera la juventud de Gigi. De alguna manera ella sabía que el alma de su hermana encontraría su camino de vuelta como su hija en esta vida. Cuando estaba embarazada por tercera vez, el nombre "Diana" fue considerado seriamente, pero al final nombraron a su hija Kara.

> **LA GIGANTE GARZA AZUL** (*Ardea herodias*) ES UN AVE ZANCUDA GRANDE DE LA FAMILIA DE LAS GARZAS. LA GARZA AZUL ES LA MÁS GRANDE DE LAS GARZAS DE NORTEAMÉRICA, COMÚN CERCA DE ÁREAS HÚMEDAS EN CASI TODA NORTEAMERICA Y AMERICA CENTRAL. EL TIEMPO DE VIDA PROMEDIO EN VIDA SILVESTRE ES DE 14 AÑOS Y LA ENVERGADURA DE SUS ALAS ABIERTAS ES DE SEIS PIES Y MEDIO.

UNA GIGANTE GARZA AZUL ME sorprendió en el bosque mientras tomaba mi caminata diaria. Sus gigantes alas abiertas hicieron un aterrizaje forzoso en un árbol. Pude sentir la presencia de Kara y revisé el significado simbólico de la garza en mi teléfono, mientras me encontraba en medio de la niebla de este hermoso bosque que está cubierto en capas de musgo verde.

Unos días después, compartí lo que había investigado sobre la garza con Gigi mientras caminábamos juntas en el mismo hermoso parque. El día glorioso nos llevó por nuestro sendero favorito al río, a nuestro puente, para arrojar "lo que ya no necesitamos cargar" por el borde y ver cómo se va flotando. En el camino de vuelta, apenas salimos de una curva, había una torre de unas once piedras de unos dos pies de altura, pulcra y precaria apiladas en el centro de un suave riachuelo. Tomé una foto y me pregunté si esto fue una oración.

Las piedras no estuvieron ahí diez minutos antes cuando bajamos. Se sentían como un mensaje de Kara.

En un giro inconcebible de eventos mientras comentamos sobre las misteriosas piedras apiladas y el aterrizaje forzoso de la garza, otra garza azul gigante voló sobre nosotras. Gigi y yo nos miramos y sonreímos.

Hubo un sonido de trueno a lo lejos, con un retumbe que hizo estremecer mi alma. Un brillante helicóptero rojo de emergencia voló sobre nosotras... de este a oeste.

Como un año después, Gigi, su esposo Leif, mi esposo y yo nos sentamos alrededor del fuego mientras mirábamos el atardecer. Estábamos comentando la historia de Kara mientras una garza azul voló con gracia sobre nosotros de este a oeste. Un momento después, cuando discutimos la posibilidad de que el concepto del mundo después de la muerte es un cuento de hadas inventado para tranquilizar a las personas, la llamada "coincidencia" se convirtió en shock y asombro. Mirábamos, con bocas abiertas, como otro (o el mismo?) pájaro voló cruzando el cielo rosado al fin del día, de oeste a este.

UNA CARTA DE GIGI

JANE ES UNA VISIONARIA DOTADA. Una sesión con Jane es un viaje que nos permite recordar y saber que el amor es una conexión irrompible.

La sesión intuitiva con Jane me presentó un mensaje de amor y conexión con mi hija en el otro lado. Lo experimenté en todos los niveles de mi ser y la comunicación reveló y validó el poder ilimitado del amor. La sesión construyó un puente de acero entre el mundo de la ilusión y separación en el que vivimos y el mundo del amor perfecto. Después de mi terapia con Jane, todas las barreras cayeron entre mi amada hija y yo y así continua. La ilusión de separación desapareció y sé que ella esta conmigo siempre.

Gigi
PORTLAND, OREGON

*"La muerte es una parte natural de la vida.
Alégrate por todos tus seres queridos que se transforman
en la fuerza".*

YODA, LA GUERRA DE LAS GALAXIAS

CAPÍTULO 2

En El Cielo También Hablan En Chino: Una Historia De Amor

En El Cielo También Hablan En Chino: Una Historia De Amor

個愛情故事

En la próxima historia, las iniciales representan nombres reales, mientras otros nombres han sido cambiados. La locación y todos los otros detalles son verdaderos.

"Ser profundamente amado por alguien te da fuerza, mientras que amar profundamente a alguien te da valor".

LAO TZU

SU NOMBRE ERA LEE. De adolescente emigró con su familia desde China y eventualmente terminó en la Universidad de Harvard donde hizo investigación médica. Ella abrió una clínica de acupuntura y herbolaria china en las afueras de una pequeña ciudad al Noroeste del Pacífico. En ese momento, cualquier otra cosa aparte de la medicina occidental se consideraba una chapuza. Sin embargo, su práctica floreció y prosperó y Dr. Lee se hizo reconocida como sanadora por la comunidad americana y la comunidad china también.

La primera vez que conocí a Lee hubo una química instantánea, como si la hubiera conocido desde antes. Podía sentir la conexión en mis huesos. Había una claridad en la calidad de luz emanando de sus ojos. Habló del Tao, las enseñanzas del Buddha y de la fuerza vital Universal que fluye a través de todo. Su sueño era abrir una escuela donde los niños aprendan estas enseñanzas y descubran la verdad dentro suyo para hacer del mundo un mejor lugar. Yo también secretamente albergo ese sueño.

YB era el esposo y alma gemela de Lee. Sus ojos bondadosos y actitud humilde tocaron mi corazón. La integridad de YB se reflejaba en la devoción hacia su familia, su código de ética y sus elevados estándares. El también se sentía familiar y pronto mi corazón amaba a YB como a un hermano menor.

YB se había mudado a los Estados Unidos de su tierra madre en su juventud. Asimiló pronto la cultura occidental, era un joven astuto, inteligente, guapo y ambicioso y se convirtió en un ingeniero de éxito en la industria de los semiconductores. Veinte años antes, YB y Lee se habían conocido en la boda de un amigo mutuo en Nueva York. Luego de pasar un tiempo mágico en la recepción hablando y después conversando por skype, se habían enamorado profundamente. La segunda vez que se encontraron en persona fue sesenta días más tarde en el altar de su boda. Por todos los ángulos, Lee estaba tan deslumbrante como la novia en un vestido forrado de satín blanco y YB se tomó el rol de elegante novio con su smoking y un jazmín en su solapa.

Lee motivó a YB a llamarme para una consulta intuitiva de negocios (no teníamos ni idea que su madre tuvo otros planes para la sesión). Estaba preparada con mi papel de dibujo y lápiz y había limpiado el espacio con agua bendita y oraciones en preparación para la reunión. Cuando YB llegó se veía un poco acosado — su vida parecía tenerlo corriendo muy duro.

Apenas cerré mis ojos y me centré, cuando su luz, la esencia de lo que es, empezó a entrar en enfoque. Lo que sea que es esta luz, sé que su esencia es divina y quizás represente el alma o espíritu. En el campo energético de YB su luz era brillante, sabia y amplia, todas las señales que indican que es un alma vieja, o por lo menos es lo que yo he deducido con mi experiencia, practicando sesiones intuitivas. La energía divina tiene muchos nombres: el flujo del Tao, Gracia, *chi*, Prana — y es lo que nos alimenta energéticamente. Yo la veo como la luz de la persona y a menudo esa luz toma la forma de cómo y qué pensamos y es el filtro a través del cual vemos la realidad.

En la luz de YB detecté un bloqueo en el flujo de su campo energética. Hice un bosquejo de la silueta de su figura, un área sombreada con un centro oscuro y un área brillante y expansiva sobre su cabeza.

Aunque parecía libre de muchos de los patrones negativos de los cuales muchas de las personas que veo están plagadas, de todos modos su energía se veía disminuida en los filos como un gran lirio sediento de agua. Usualmente éste es un indicador de que la vitalidad, salud física y fuerza de un cliente está débil. Mi experiencia me dijo que estaba exhausto y que reconectar con la naturaleza lo ayudaría inmensurablemente.

¿El dilema? Cómo comunicar la información de la mejor manera. Mi meta es llegar a la persona en su propio lenguaje o código. Todos tienen su propio código intuitivo o lenguaje simbólico interno, basado en historia personal, percepción y estilo. Formular el mensaje es como hablar un idioma extranjero — conmigo como traductora. Siempre trato de expresar la información pertinente en un modo que tenga sentido. Con la intención de encontrar la manera más efectiva, decidí a ir directo al grano.

—YB, estás exhausto, —comencé.

Sus cejas se alzaron mientras se tumbó en el respaldo de su silla. Se veía agradecido de que yo pudiera reconocer su estado actual.

—*Anotaste Jane* —*me dije.*

—Jane, tengo un trabajo demandante como ingeniero en la industria de tecnología avanzada. Mis dos horas de conmutar son duras, además a menudo ayudo en casa cocinando, llevando a los niños a sus clases ... o y les ayudo con sus tareas. Hago todo lo que puedo por mi anciano padre, JZ. —Dijo orgullosamente: —Y sí, estoy completamente exhausto.

—Veo que estás totalmente desgastado —dije, aceptándolo. —Pero también veo tu actitud positiva y acciones correctas reflejadas en la calidad de tu luz. La esencia de quien eres es verdaderamente magnificente. Veo que tienes mucho poder personal. Esta es una buena señal —subrayé, reflejando su exquisita naturaleza. —Déjame sostener un espacio para tí en compasión.

Me tomé un momento.

"Estás definitivamente en un punto duro, tomando en cuenta tu fatiga física y mental. Por favor, ponte cómodo en tu silla, cierra los ojos y conéctate con tu respiración. Voy a hacer una pequeña meditación contigo".

Me senté frente a YB en mi antiguo escritorio grande yo también cerré mis ojos en meditación. Centrándome, respiré profundamente mientras mi campo energético se abría. Observando la situación difícil de YB, mi corazón se hinchó de empatía permitiéndome sentir compasión. Sostuve su sufrimiento en un gran espacio en mi corazón abierto, sin juzgar o tratar de arreglar su dolor; imaginé mi energía compasiva como un pavo real azul brillante y lo envolví con ella. Luego imaginé una sábana blanca dorada, imbuida de amor, envolviendo a YB.

Luego de unos minutos, la presencia de un ser femenino se hizo palpable. Se sentía fuerte, determinada. Le di la "bienvenida" telepáticamente al ir reconociéndola. Levanté la mano, indicándole que por favor esperara un momento; tenía más que decirle a YB. El espíritu femenino se movió un poco para atrás, pero no fue lejos. Su poder, amor y propósito intencional se mantuvieron en el aire.

Los detalles de la firma energética de YB gradualmente se revelaron en el papel, mientras dibujaba con mi lápiz 6B. Esbocé a un lirio emanando de su interior, llegando mucho más atrás de la imagen de su cuerpo físico.

2017 © TARA DE FOREST

Una línea a través de la parte inferior de la figura indicaba dónde estaba cortada su energía *chi*. Si tan sólo pudiera explicarle cómo sus pensamientos estaban afectando su campo, sabía que se sentiría rejuvenecido y menos cansado. Un sentimiento de fuerza y poder surgió dentro de mi campo energético y en mi imaginación vi a YB en su máximo potencial. El lirio simbólico estaba fuerte y su *chi* vital estaba de vuelta... podía sentirlo. Me di cuenta que estaba experimentando su estado más puro de auto-realización y sentí su estado más puro; y sentí un sacudón.

—YB, estás desconectado de tu ... bueno... hmmm, de, tu sabes .... Dios, —solté.

No estaba segura de cómo presentar la imagen de lo Divino, pero era obvio que el concepto de "Dios" había perdido rumbo. Me miró burlonamente. Siendo que YB no veía a Dios como una personificación de lo Divino, el concepto no cabía para nada. Vi con mis ojos cerrados como la forma de su estructurada-creencia tomó forma arriba de su cabeza.

Mi lápiz voló. Hice bosquejos y sombreados. Dibujé una energía arremolinada que lo conectaba a una red que envolvía el globo. Tenía el sentimiento del Taoísmo mientras dibujé, luego Confucionismo, luego una amplia comprensión del significado de luz divina. Dibujé el vínculo de los ancestros que vi — y sentía como Animismo. Esto era nuevo para mí; no estaba segura de lo que yo veía.

Hmmmmm, un poco difícil de dibujar, Jane.

EN LA TRADICIÓN TAOÍSTA, realmente no hay un Dios sino

más bien, "el sendero", que incluye el reconocimiento del flujo de energía a través de todas las cosas, el principio subyacente del balance de los opuestos (yin yang) en armonía con la naturaleza. Confucianismo es inherente en filosofía asiática, que enfatiza una estructura social armoniosa y comportamiento honrado y ético.

Consecuentemente, la influencia del Animismo en la cultura asiática (también ubicuo de culturas indígenas) es caracterizado por una reverencia a la naturaleza y por los ancestros. Los ancestros son una parte integral de la vida diaria; el velo entre el mundo de los vivos y el mundo de los muertos es prácticamente inexistente. Hay un entendimiento profundo de que la vida y la muerte son parte del mismo ciclo. Pero más importante es la noción de que todo en la naturaleza está vivo, es eterno y todos y todo están dentro de esta red de existencia.

Nosotros los humanos tendemos a querer etiquetar específicamente la luz ya sea como religión, como Dios (o Dioses) o como la naturaleza. Cuando tengo una sesión intuitiva, la luz divina toma la forma de la estructura mental de la persona, lo que es en parte un subproducto de sus creencias particulares y de cómo piensan. Intento lo mejor que puedo poner la luz que veo en términos que la gente pueda asociar. Después de veinte años practicando meditación Vipassana (O.K., no todos los días) y estudiando religiones del Oriente, tengo una idea general del concepto oriental de lo Divino — entonces decidí acolchar mis pensamientos en términos asiáticos.

—YB, siento que tu "mente parlanchina" está demasiado ocupada para permitir consciencia, mmm, tu *chi* está agotado, hmmm no estás en el flujo principal del Tao, —solté. Y comencé otra vez. —La naturaleza te alimenta y es ahí donde tu energía y fuerza vital se vuelve fuerte y donde estás más sano y contento. Tú te conectas mejor con lo que es real cuando estás en la naturaleza y con lo que es auténtico dentro de ti cuando te quedas quieto.

El debe haber reconocido este dilema, porque había consciencia detrás de sus ojos. Le había hablado a su corazón, aunque de cuál concepto tocó la cuerda, no podía estar segura. El entregar un mensaje intercultural significó confiar en mi limitado conocimiento de filosofías y religiones orientales. Mi tarea era la de traducir información intuitiva simbólica primero a inglés y luego a conceptos chinos, para que YB pudiera aceptar y usar el mensaje en su vida. De hecho, el sistema de creencias de YB era "inetiquetado", incluía todo y se incorporaba a la verdad que reside en todas las religiones.

—Enraizarte a la tierra ayudará con tu fatiga —dije —mientras vi luz saliendo por las plantas de sus pies, bajando hacia la tierra y arriba de nuevo. —Hay algo popular hoy en día llamado "enraizamiento" esencialmente, nada más que el viejo y conocido caminar descalzo en la tierra.

—Hacer esto te ayudará a sanar y reponer la energía de fuerza-vital que te conecta al flujo de la vida. Por favor, considera acostarte en el suelo todos los días. Dobla tus rodillas y asegúrate que las plantas de tus pies toquen la tierra.

Mi lápiz de dibujo empezó a volar e hice un bosquejo de YB. Presenté la forma de su *chi* e ilustré su forma viviente desde mi consciencia intuitiva. De todas maneras, al mirar fijamente su "campo" con mis ojos cerrados, vi una extraña luz verde con una rara vibración — vi que esto estaba irritando su cuerpo.

—Veo que tu espacio de trabajo tiene una luz extraña. ¿Podría ser también una frecuencia de sonido? El cuarto parece tener un matiz verde y me siento incómoda cuando veo la escena desde aquí en mi consciencia.

—Estoy en la industria de semiconductores" respondió. "En el área donde hacemos los chips, hay tecnología microonda. Y sí, al hacer semiconductores hay una luz y frecuencia verde. Estás en lo correcto.

—Tu cuerpo me dice que esa frecuencia te está agitando. El contacto con un ambiente natural te calmará la incomodidad y calmará tu campo energético.

Justo cuando iba a describir la escena a YB, sentí un impacto en mi pecho, como un puñetazo fuerte.

Estaba aturdida y con la guardia baja. Me había tumbado el viento fuera de mí. Aunque al mismo tiempo sentí una sobrecogedora ola de amor materno: tibio, nutriente, seguro e incondicional. Lágrimas brotaron de mis ojos y cosquillas bajaron por mi columna. El espíritu femenino que antes apareció desde el otro lado ahora se volvía más prominente. ¿Era este espíritu capaz de afectarme de esa manera? ¿Me dio ella un golpe de amor?

¿Había ella pasado el velo entre los mundos y me había dado un gancho izquierdo energético?

YB me observaba. Estaba confundida, insegura de lo que pasaba. Deseaba poder explicar la extraña escena, pero no tenía idea de lo que sucedía.

—YB, hay un espíritu presente y creo que puede ser un ancestro, quizás tu madre o abuela. Tiene una fuerte energía femenina y es, bueno, determinada —dije, tomando aire mientras buscaba la caja de pañuelos para secar mis lágrimas.

—Oh, esa sería mi madre —dijo con certeza, en un fuerte acento mandarín. —Era dura de roer.

—Bueno, yo diría que aún es dura de roer" sonreí, admirando el respetuoso reconocimiento de un hijo a la fuerza de su madre.

Era una excelente oportunidad de comunicarnos con la madre de YB pero quería asegurarme que el espíritu realmente era su madre. Mi protocolo estándar para establecer la verdadera identidad de un espíritu del otro lado es preguntar información específica que yo no tendría modo de haber sabido antes.

La invité a comunicarse más claramente con mi mente y la imagen de una mujer traslúcida se hizo más opaca. Garabateando el perfil de su figura, me bloqueé en su cabello negro recogido con ornamentos de oro. Su chaqueta roja y azul era prominente; ella intentaba indicar su importancia. Mi pasado en textiles me sirvió también, mientras intuía un sable de seda entre dos piezas de brocado de seda pesado, convertido en bordado brillante. Le describí a YB en detalle la ropa que vi.

Sus ojos me penetraron con "la mirada". Estoy familiarizada con "la mirada", que usualmente indica que algo que dije acaba de dar en el blanco — que he tocado algo tan personal, tan privado, que ningún otro ser humano sabe el secreto. A YB le tomó un momento para incorporarse.

Lo que le dije, de hecho, era una descripción muy acertada de una chaqueta de la Dinastía Qing del siglo 17, preservada en una bolsa de ropa de la casa de su padre. La chaqueta era la posesión más preciosa de su madre, entregada a su tatarabuela por la Emperatriz China en aprecio por el servicio de su esposo como médico de la familia y Corte Imperial.

—¡Jane, esto es notable! Esta chaqueta es roja y azul bordada seda con seda, —él confirmó.

Estaba satisfecha que ésta era una auténtica comunicación con su madre, así que me permití proceder. Ella me envió otra imagen: dos personas en sillones, las siluetas reflejadas en una ventana. Supe de alguna manera que las figuras eran su madre y padre juntos. Tenía un sentimiento fuerte que éste era

un mensaje significativo. Pero la intención de comunicación corazón a corazón no era para YB. El mensaje llegó como "urgente" y en realidad era para su padre.

UN PROFESOR DE MICROBIOLOGÍA Y horticultura de la prestigiosa Fudan University en Shanghai, el padre de YB, JZ fue un respetado intelectual. Había sido enviado a la zona rural para "reeducación" durante la Revolución Cultural China. En sus ochentas, el maduro y bien mantenido hombre chino tenía una bronceada piel brillante y benévolos y brillantes ojos. Era uno de los ancianos más hermosos que he conocido en mi vida. JZ tenía un aire de sabiduría pacífica, como una antigua tortuga marina, su bondadoso corazón y suave consciencia me hicieron pensar que era una de esas almas que vienen a la tierra sólo cada 1,000 años. Su padre y su madre habían estado casados por 46 años cuando ella murió el año pasado. Aunque sus dulces nietos llenaban el mundo de JZ, él continuaba sintiendo una soledad dolorosa. El la extrañaba terriblemente. Ella fue el amor más grande de su vida.

Bien vestida en un exquisito vestido bordado, su espíritu ahora se movió hacia la derecha. Mi brazo derecho pulsó. Sabía en el centro de mi ser que éste era un gesto importante.

—YB, tu madre me está mostrando una imagen de dos personas en sillas por una ventana grande. Ella insiste que algo importante está a la derecha. No sé qué es importante aquí, pero siento mucha emoción.

—Si, ellos se sentaban juntos frente a una gran ventana donde veían el jardín, los pájaros y ardillas en los comederos. Su silla era la de la derecha. Ella siempre se sentó al lado derecho de mi padre. En la vieja tradición Taoísta de Yin Yang, las mujeres son Yin, siempre a la derecha y el esposo, un hombre, a la izquierda, —aclaró YB.

El resto del mensaje de su madre para su padre vendría después, pero ahora me enfoqué de nuevo en YB.

—Tu madre me dice que te sientes arrepentido por algo. Lo que sea que te está preocupando, ella no quiere que te sientas mal —dije, observando la sombra en su campo energético.

Durante el año final de su madre, su familia se abalanzó a ayudar y cuidarla hasta el final. Un hijo devoto, YB fue golpeado fuertemente por la muerte de su madre. Ahora él reveló que aunque intentó ser un buen hijo él estaba convencido que le había fallado a su mamá. Contó cómo en la última noche, estuvo con su madre, pero alrededor de la medianoche se dirigió a casa porque tenía trabajo y los niños, escuela al día siguiente. Ella murió a las 2:00 de esa mañana.

Su hijo se perdió de su último aliento por dos horas. Trágicamente, sentía gran arrepentimiento de que su madre hubiera muerto y él no estuvo ahí para ella.

¿Cómo podría alguna vez perdonarse?

—Mira YB —le dije, —tu madre me está mostrando que siempre está contigo. Te ama a montones. Que te hayas perdido su partida no parece importarle para nada. Lo que para ella es importante es que tú no lleves la carga de vergüenza o culpa. El peso es demasiado grande y un desperdicio de tu energía vital (*chi*). Ella quiere que te liberes de estos sentimientos negativos y ella no tiene ningún resentimiento ni culpa. Quiere que dejes ir la carga y me muestra sólo gratitud y que aprecia todo lo que hiciste por ella.

Su madre estaba radiante. Se veía feliz de que yo hubiera recibido bien el mensaje. Una ola de orgullo me inundó mientras la veía viendo a su hijo y vi la imagen de un pedestal, él significaba el mundo para ella. No cabía duda que amaba y respetaba a su hijo, un símbolo fácil de descifrar.

—YB, tu madre me dice desde el otro lado que está llena de alegría por ti. Te respeta y ama más que a la vida misma y esa es la verdad. Por favor considera cambiar tu percepción y tus pensamientos sobre lo que sucedió.

—No estoy seguro de lo que quieres decir, Jane. —Se veía perplejo.

—Los sentimientos de remordimiento, decepción y arrepentimiento tienen un campo energético, y yo puedo ver el efecto cuando veo el campo energético de tu *chi*. Energía negativa enfocada puede crear un bloqueo en el flujo del *chi*. Piensa en la energía vital universal o *chi* como un río que está continuamente fluyendo; luego imagina grandes rocas, incluso un gran peñasco en el camino. Así como la roca es una obstrucción en el flujo de agua en el río, tu remordimiento está bloqueando tu energía vital, tu *chi*.

—Cuando la gente cambia su percepción o pensamientos sobre un incidente de negativo a positivo, sus bloqueos cambian o hasta se disipan. Este proceso es absolutamente fascinante y permite una gran vitalidad y felicidad. En otras palabras, piensa diferente y tu realidad cambiará en tiempo real.

—Todo está bien, Jane, pero ¿cómo se supone que cambie mi percepción sobre algo que ya sucedió? ¡Un hecho es un hecho! Que la decepcioné es la verdad, no puedo mentirme a mi mismo. Sería deshonroso el inventar una historia diferente, —declaró firmemente.

La noción que para cambiar tu percepción sobre un evento histórico real puede cambiar la realidad de ese evento, sus dinámicas o significado puede parecer fantástica.

¿Pensamiento mágico? Sí

Se necesita una mente abierta para entender la idea que el efecto de lo que te pasa es más sobre la historia que te cuentas a tí mismo que sobre el evento. El poner este concepto en práctica funciona bien para muchas personas y he visto resultados milagrosos. Mi primer paso es convencer a la mente lógica de una persona que sostenga la posibilidad de que un evento o idea puede ser tridimensional como una esfera, en lugar de plana. La verdad es más que "correcto" o "incorrecto" — es como una esfera donde los dos hemisferios se requieren para mantener cada mitad. No hay un norte sin un sur o un este sin el oeste.

Si tu mente no puede pensar fuera de su zona de confort y barajar la posibilidad de esta paradoja como verdadera, incluso por un momento, una fisura se empezará a formar como una versión de la verdad, en tu calcificada y limitada mente. En esa fisura viene la incertidumbre, pero al mismo tiempo emerge una luz de creatividad, inspiración y crecimiento, que ilumina algo auténtico. En un instante esos bloqueos emocionales se pueden ver disipar y la sanación suceder. Veo esto a menudo en consultas intuitivas en forma de nubes oscuras o corazas duras, dependiendo de la intensidad y duración del pensamiento o idea negativa. Una vez que el espacio interno de una persona se libera de pensamientos tóxicos, es como una aspiradora que absorbe y permite que el *chi* o energía vital entre al cuerpo. Mientras la persona más se abra y "vea el lado positivo", más rápidamente se derretirán sus bloqueos, como cubos de hielo en el sol de pleno agosto.

Estaba determinada a comunicarlo correctamente a YB. Sólo tenía que poner en frases el concepto para que no rechazara la idea.

—YB, ¿puedes barajar la posibilidad de que tu madre *quiso* morir en la manera que lo hizo? ¿Quizás esperó hasta el mejor momento exactamente para "volver a casa", para evitar tu sufrimiento al contemplar su último aliento? ¿Que tal si todo sucedió de la mejor manera posible? ¿Que tal que la situación fue de hecho perfecta en su aparente imperfección?

Estaba empezando a sonar como el shaman en Avatar.

YB tenía una mirada distante. Él había venido cargando este peso en su corazón desde la muerte de su madre. Nadie sabía su secreta agonía. Ahora la verdad había salido de un salto. Había visto a través de su exterior su yo verdadero, su yo auténtico.

A veces es todo lo que se requiere para sanar a un nivel profundo y erradicar instantáneamente décadas de miseria. Esto era colosal.

Incliné mi cabeza en oración, dándoles privacidad. Tenía más que decirle pero sentí que debería mantenerme callada. Enfoqué mi atención en mi respiración, el subir y bajar de mi pecho. Ahí con amor incondicional imaginé luz desde mi corazón incandescente bañándolo y sosteniéndolo en compasión.

—Sí, Jane, creo que puedo rendirme a la idea. Si ella quiere que la suelte, lo hago —dijo con una señal respetuosa. YB, el hijo obediente que era, intentaría seguir sus instrucciones.

Sonriendo, veía con mis ojos cerrados, como su energía se volvía para arriba y se llenó, más grande. El bloqueo parecía haberse disipado. Se llenó de *chi* y su energía era mucho más brillante. Su madre estaba brillando intensamente. Se veía satisfecha conmigo; por lo menos eso esperaba, luego de ese puñetazo de energía hacia mi corazón.

—Creo que acabas de dejar ir el bloqueo, YB.

—Estás en lo correcto. He cambiado mi percepción de lo que yo creía que sucedió y quizás hay muchas maneras de mirar las cosas. Sí, quizá la verdad no sea plana, sino de forma esférica, donde el punto de vista del observador define como verdadera la parte de la verdad que es visible. De esa manera más de una "verdad" puede coexistir y seguir estando correcto, —dijo, revelando su entendimiento.

Podía sentir que su madre tenía más que decirle. YB se veía menos nervioso y un poco más conmocionado.

En muchas culturas asiáticas, un santuario casero dedicado a los ancestros se destaca y diarias ofrendas de comida, agua e incienso son hechas con reverencia. No hay tabú en el Oriente sobre la comunicación con familiares en el otro lado como en Occidente. Así que el hecho de que su madre haya venido a visitarlo desde el otro lado era un grandísimo honor para un buen hijo en la cultura china y él estaba orgulloso.

Los dos nos miramos. Otra vez, tenía un sentimiento palpable de orgullo que me inundó.

Su madre quería cerrar la conversación a su manera.

YB estaba en lo correcto — era "dura de roer".

Un fuerte pulso de energía electromagnética recorrió mi cuerpo, cosquilleando detrás de mi cuello y extendiéndose en mi cuero cabelludo. Con mi sexto sentido, vi la imagen de dos sillas reflejadas en el vidrio de la ventana y un hombre y una mujer reaparecieron. El mensaje no era difícil de entender.

—YB, tu madre está terminando y yo me estoy cansando un poco, ya que la sesión había durado casi dos horas. Pero quiere decirte dos cosas. Primero, ella inequívocamente quiere decir que quiere que sepas que está muy, pero muy orgullosa de tí. Fuiste un hijo sobresaliente y ella no tiene más que amor y aprecio por ti. La segunda cosa que quiere que transmitas es que por favor le digas a tu padre que ella todavía se sienta con él en su vieja silla frente a su ventana. Ella quiere que él sepa que la volverá a ver cuando el momento sea el correcto. —Sentí que mi brazo derecho se estremeció. —Ella indica que por supuesto ella está a su derecha como es usual.

HISTORIA POSTERIOR

ESTOY PROFUNDAMENTE AGRADECIDA con esta familia por permitirme contar su historia. Comunicar con un espíritu en el otro lado que es de una cultura completamente diferente fue desafiante y transformador. El lenguaje del espíritu, o alma, parece ser universal y esta historia subrayó ese hecho para mí. Hablo tres palabras en chino (para nada mal, si puedo decirlo) y la madre de YB habló un inglés rudimentario mientras estaba en la tierra. Mi conocimiento de historia china, cultura y arte es básico, pero para mi sorpresa, esta comunicación intercultural y multidimensional no tenía costuras — bueno, relativamente sin costuras. A fin de cuentas, el amor compartido entre esta madre y su hijo trascendía no sólo lenguaje y cultura, sino también tiempo y espacio. Hay un tema recurrente que se ha revelado en las sesiones con mis clientes: una vez compartido, el amor nunca se pierde o se destruye. El amor nunca muere.

EL AMOR NUNCA MUERE

2017 © JANE de FOREST

TESTIMONIO DE YB

Una ordinaria tarde de fín de semana se transformó en uno de los días más personales y memorables de mi vida. Fue el día que tuve una consulta intuitiva con Jane de Forest. He conocido gente de todo tipo de todas partes del mundo, pero de alguna manera la poderosa conexión que experimenté con Jane fue instantánea y única.

Hablando honestamente, no estaba esperando mucho de la sesión, pero Jane probó que estaba equivocado. Como ingeniero, puedo ser lógico y analítico; no hay una columna en mi cerebro impulsado por datos para agregar este tipo de información no linear y no científica.

Pero estuve sumergido en un maravilloso momento de paseo espiritual al que Jane me llevó y me guió hacia mi reconexión con mi amada quien se fue, mi muy amada madre. La experiencia me dio un sentido de paz interior y calma que sentí que volvían apurados a mi alma. Era exactamente lo que necesitaba para encontrar ese sitio silencioso dentro de mi mente-cuerpo y llenar ese enorme vacío en mi corazón. Esta fue la primera vez en mi vida que haya experimentado este nivel de despertar. Fue elevador, lo cual es difícil poner en palabras.

La sesión entera me ayudó a reducir mi "rpm" en mi ocupada y "altamente revolucionada" mente, y me permitió experimentar algo que nunca tuve antes. Jane gentilmente me motivó a crecer dentro de mí al indicarme mi propia verdad interna sin ningún lenguaje o acciones forzadas. Me daba un sentimiento de paz y conexión y me enseñó algunas técnicas de "mindfulness"

2017 © TARA DE FOREST

para poder dejar ir el stress y el peso en mi vida.

Adicionalmente, ella tiene muchos años de conocimiento y sabiduría, y expresa pasión por su trabajo con integridad y amor.

La sesión con Jane trajo una única conexión espiritual con el universo, y ella tiene una habilidad de ayudar a los que buscan encontrar su camino de vuelta al sendero. Mi experiencia con Jane ha sido un paso adelante hacia mi paz interior y para ayudarme a recordar porque estoy aquí.

YB
VANCOUVER, WASHINGTON

*Yo creo que si yo tuviera que morir
y tú anduvieras sobre mi tumba,
desde las profundidades de la tierra
yo escucharía tus pasos.*

BENITO PÉREZ GALDÓS

Capítulo 3

Te Amo Hasta La Luna Y De Vuelta

© TARA DE FOREST

Te Amo Hasta La Luna Y De Vuelta

Estoy profundamente agradecida con Jerry por dejarme contar su historia. Todos los nombres, ubicaciones y detalles son verdaderos.

"*Donde hay amor hay vida*".
MAHATMA GANDHI

EL AMOR NUNCA MUERE. Aunque el duelo es una costumbre y ritual importante, el amor que hemos compartido nunca se pierde y ningún amor es desperdiciado. El amor es una joya preciosa que podemos llevar con nosotros cuando dejamos este lugar. Por lo menos esto es lo que he llegado a entender de los años que he sido una humilde estudiante de la vida después de la muerte.

Mi amigo Jerry y yo estábamos relajándonos en una rara tarde sin viento en Cannon Beach, en la Costa de Oregon. Robin, la esposa de Jerry que recientemente había fallecido amaba esa playa. Había aves marinas descansando en Haystack Rock 200 pies arriba y gloriosas pozas de agua llenas de estrellas de mar, naranjas y moradas. Las habíamos visitado más temprano; las suaves y verdes anémonas agarraron nuestros dedos, pensando que eran deliciosos peces. Un brillante cangrejo rojo estaba atrapado en una poza profunda, ya que no alcanzó a salir en la última oleada, las gaviotas esperaban optimistas desde arriba. Vimos frailecillos copetudos clavándose y nadando para capturar pequeños peces y eso parecía animar un poco a Jerry. Sus pequeños cuerpos negros rechonchos, cabezas blancas con visera negra, patas naranjas, los hacían ver como mascotas adorables.

Garrapateros con patas como pinzas corrían en la arena siguiendo las olas atrás y adelante.

En esta pintoresca pequeña villa costera, habíamos visto la obra favorita de Shakespeare, Twelfth Night, en un teatro. Después, hicimos una fogata en la playa.

La leña seca sonaba, las llamas subían y saltaban chispas hacia el cielo, captando nuestra atención. Acantilados de arenisca pura abrían paso a una vasta explanada de playa donde rocas del tamaño de edificios completos adornaban la costa. La arena estaba fría debajo de nuestros pies mientras nos sentamos alrededor del fuego.

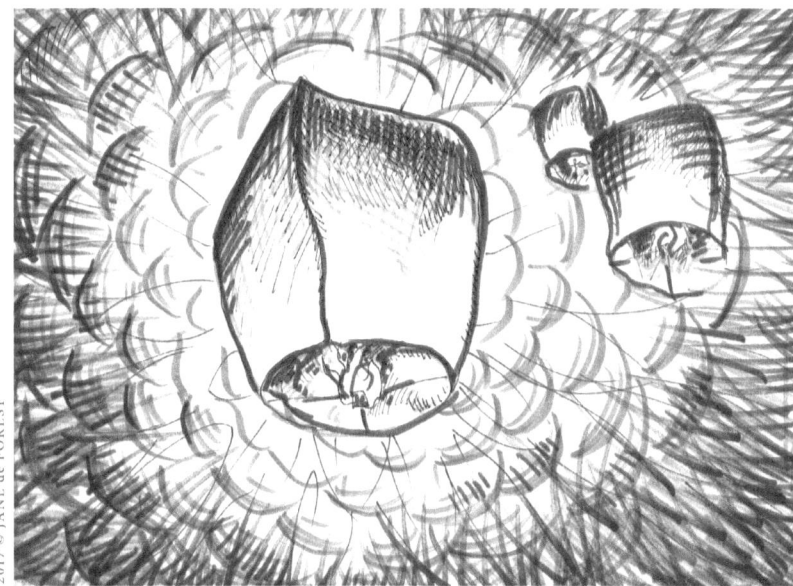

En la oscura noche la luna llena brillante salió, con sombras azules y púrpuras a través de la arena; los reflejos platinos danzando con el ritmo del océano nos hipnotizaban. La alegría de viejas queridas amistades llenó nuestros corazones. Transfigurados con las llamas que calentaban nuestras caras, el fresco aire frío en nuestras espaldas y el rugido silencioso del océano a lo lejos, estábamos poseídos por una calma Buddica.

Nos reímos, hablamos y recordamos a nuestra querida Robin. Este era el primer aniversario de la muerte de la esposa de Jerry — esa misma noche fue un año de su muerte.

Bueno, de hecho en realidad ella no estaba realmente "muerta" muerta — había dejado atrás su traje terrestre corroído por el cáncer y la verdadera esencia de Robin regresó a casa.

En la paz del estrellado cielo, sostuvimos un silencio reverente por Robin. Tomamos turnos enviando nuestro amor y buenos deseos al otro lado.

El último año fue agotador para Jerry, el más difícil de su vida.

—Mira! —Dijo Jerry de repente, señalando detrás de nuestras cabezas a la luna, sorprendiéndonos y sacándonos de casillas.

Vi algo como una vela en una funda de papel flotando suavemente hacia el cielo lleno de estrellas. *Hmmm ¿qué es eso....estoy soñando?* Inquietamente hermosos, pequeños globos aerostáticos flotaban livianamente, serpenteando hacia arriba, como un poema de e.e.cummings. Subían en una docena de tibias llamas luminosas parpadeantes y yuxtapuestas contra el cielo cobalto oscuro.

—¡Linternas chinas!

La noche parecía un sueño; vimos hechizados mientras un grupo más abajo en la playa los soltaba. No estoy segura de cuanto tiempo estuvimos ahí, pero los hombres se quedaron un poco más y yo regresé con mi madre mayor a mi estancia.

Más tarde Jerry me explicó que por alguna razón él sintió una urgencia inexplicable de regresar a buscar el primer globo. La luz titilante renegada subió mucho más arriba del resto del desfile lumínico, posiblemente unos 1.000 pies mas y luego se acercó a una nube. Aunque Jerry esperaba que la humedad de la nube apagara la flama, seguía buscando al volador solitario.

Salió el globo, habiendo atravesado la nube.

Intrigado con el desenvolvimiento de la pícara linterna china, se mantuvo vigilante, mirando hasta que el globo se convirtió en un punto negro en la luna.

Luego, lentamente, la sombra descendió, cayendo de vuelta a la tierra, tragado por la quietud exquisita de esa noche.

2017 © JANE de FOREST

LE HABÍA PROMETIDO A JERRY UNA sesión intuitiva y estaba buscando la oportunidad de ayudarle. Así que a la mañana siguiente bajamos a la playa antes que la familia despertara. Era un típico día de verano de la costa de Oregon: frío, mojado y ventoso. Yo estaba envuelta en mi chaqueta Columbia, gorro de lana, zapatillas y un impermeable.

Jerry y yo bloqueamos el viento con mi carpa de medio domo y nos pusimos cómodos. Respiré, me centré y oré. Mi intuitivo proceso de abrir mi sexto sentido tomó un momento, pero más temprano que tarde sentí la sensación familiar, tibia y cómoda y las impresiones comenzaron a llegar rápidamente.

—Robin está aquí ahora y la amo —dije, recordando su amorosa energía. Nos habíamos encontrado una vez antes. —¡La veo, mi cielo, está exquisita! —Sentí su presencia y sentí ganas de llorar. Estaba brillando con tal magnificencia — luminosa — hilos luminosos flotaban en mi mente y podía sentir el tono de su energía vital.

—Está usando un vestido largo resplandeciente y francamente este traje es increíble. El vestido está vivo. —De alguna manera parecía que había inteligencia tejida allí. —Siento energía angélica y bienestar, hmmm, la prenda parece estar hecha de amor incondicional. El campo de energía que arrastra parece una película translúcida de gasa sobre su vestido vibrante y brillante. El vestido tiene radiantes tiras serpenteantes que se sienten como suave satín. Veo diamantes flotantes, tal vez cristales que refractan la luz, que están destellando un millón de pequeños arcoiris ... mis cielo, ¡es notable! Estoy sorprendida. Me sentí incapaz de hacer justicia a la imagen. Las palabras parecían inadecuadas y yo estaba confundiendo la visión.

—Una psíquica la vio en un vestido brillante también, similar a tu descripción —dijo Jerry.

—Ella está tratando de darte un mensaje...déjame abrir espacio en mi mente para recibir la comunicación claramente —dije.

—Ella estuvo compartiendo la tarde con nosotros en la playa anoche, en el fuego. Yo ciertamente la sentí, ¿y tu? —Estaba recibiendo una señal de la noche previa, la luna, con un sentimiento de caer de nuevo a la tierra. —Está comunicando algo sobre los globos que viste.

En mi imaginación ella expresó la idea de que se había unido a nosotros la noche anterior. Como me regresé temprano, me perdí la aventura del globo pícaro, así que pensé erróneamente que me decía solo eso.

—Sigue mostrándome la luna, hmmm, y los globos. Ustedes dos, ¿compartieron alguna memoria significativa con este tipo de globos o linternas chinas?

—No. —Jerry quería que mi historia encajara; tiene un corazón generoso, una de las razones por las que lo adoro.

Estaba escuchando, viendo y sintiendo el mensaje, pero traducir entre dos mundos puede ser difícil a veces. El lenguaje del mundo de los espíritus se presenta en símbolos que necesitan ser decodificados, no muy diferente a un sueño. Sentía la presencia de Robin y su intención de comunicarse conmigo, pero no captaba el mensaje. Decidí dejar de forzar el proceso.

¡Jane! Estaba perdiendo mi ventaja — tiempo para ajustarse. *¡Observa, Jane!* Respiré y seguí a mi aliento. Respirando hacia afuera, otra vez me conecté con mi respiración. Me enfoqué

en el subir y bajar de mi pecho mientras el aire entraba, animándome y soltándome. Observé el subir y bajar de mi pecho y le clamé: "Aliento subiendo, aliento bajando". Luego estaba de vuelta.

—Cayendo a la tierra ... ¿tuviste una canción favorita, alguna que les pertenecía sólo a ustedes, como Caminando en la Luna? —me puse creativa.

—No.

Bueno, hmmm, esto está convirtiéndose en algo tan divertido como un tratamiento de canal en el dentista. Podía sentir fuertemente a Robin; a veces las cosas no encajan hasta después, pero deseaba que pudiera dar en el clavo la sesión ese momento.

—¿Tenían alguna broma íntima, como 'ella te lleva a la luna'? —insistí.

—No, Jane, lo siento —dijo amablemente, pero estoy segura que se sintió mal por mí esta vez. Entendí, me sentí mal conmigo misma también.

El miedo se aproximaba y se deslizó en mi vientre. La ansiedad se sintió como electricidad esparciéndose por mi cuerpo. Oré por ayuda. *Yo lo puedo hacer, me dije. Es pan comido. Fácil. He ayudado a gente en todos estos años, y esto no es diferente.... recomponte, Jane. Tienes ayuda.* Recé fuertemente al Gran Espíritu.

—Intentemos ésto una vez más. '¿Llevarte a la luna, traerte de vuelta', 'mi amor es tan fuerte como la luna?' —Dije aferrándome a los sentimientos, decidida a salir de esta adversidad.

Hubo un largo silencio. El frío viento costero viró nuestra pequeña carpa y la arena se sintió como pequeños balazos. Una gaviota se acercó buscado una morsa, pero sólo éramos Jerry y

yo sentados cruzados de piernas en mi manta de lana Pendleton con rayas negras, rojas, amarillas y verdes.

"Te amo hasta la luna y de vuelta" —dijo Jerry, juntando las piezas. —Robin me decía eso a mí y a los niños todos los días. Nadie sabía, solo nuestra familia.

Wow, recibí el mensaje, mi cuerpo dejó salir un suspiro involuntario. Pude sentir la tensión drenando desde mi cara.

La linterna china había ido "a la luna y de vuelta". como un símbolo de su eterno e inmortal amor, además de ser una interpretación literal de la frase que Robin repetía a diario. Esa era la señal que intentaba decir a Jerry a través de mí. Lo más posible era que ella tomó control del primer globo, enviándolo lejos arriba de los otros. Por lo menos en mi experiencia, en algunos casos los espíritus parecen ser capaces de influenciar en la materia.

—Por supuesto, Robin conoce tu mente y ella sabía que nos juntamos. Así que era ésta su oportunidad para dejarte saber que ella aún "te ama hasta la luna y de vuelta". El amor que compartieron nunca morirá y se reunirán de nuevo cuando llegue el momento.

Su cuerpo se estremeció suavemente y el suave sonido de su llanto llegó a mi oído.

La compasión por su sufrimiento surgió en ese tierno momento.

Dejó salir un gemido. Su dolor era primordial, un sonido de un profundo, antiguo sitio en su alma, ahora separado de su compañera con quien había compartido treinta años de amor, familia, cuentas, celebraciones, preocupaciones, pérdidas y nacimientos triunfantes. Robin era la madre de sus hijos, alma gemela, mejor amiga, y su chica.

Pronto el cuerpo de Jerry estaba temblando violentamente — puse la mano en su pecho y espalda, sentí su corazón roto en mis manos. Mi corazón sostuvo espacio para su dolor. No podría medir el tiempo exactamente. "Vi" capa tras capa de vidas pasadas que habían compartido, desvaneciendo en la niebla del tiempo y estirándose a un futuro potencial. Su experiencia juntos era ancestral y había tomado milenios en desarrollarse. A través del tiempo, habían vivido juntos en diferentes culturas durante varios períodos, intercambiando géneros, estatus económicos y raza. Y su amor continuaría en el futuro también.

El sollozo de Jerry se convirtió en una silenciosa y pacífica calma. Las olas rítmicas del océano nos envolvieron y el momento pareció eterno.

—Bueno, hermano, creo que ella realmente está aquí y "te ama hasta la luna y de vuelta."

Nos sentamos por un momento sobre la rayada Pendleton en la costa ventosa y luego deambulamos de vuelta a la cabaña. Casi todos estaban levantados y podía oler el tocino y cebollas friéndose. La vida es buena: amor, amistad y este momento eterno.

EL AMOR NUNCA MUERE

2017 © TARA de FOREST

HASTA QUE NOS ENCONTREMOS OTRA VEZ

UNA CARTA DE JERRY

AUNQUE HE ESTADO EN EL NEGOCIO New Age-Espiritual desde 1997 (tengo una librería), todavía era un poco escéptico acerca de esas "habilidades profesas". He conocido a Jane desde 1996, y aparte de saber que era una artista increíble, esposa y madre, por un largo período no tuve idea que ella poseyera esta habilidad.

Jane me ofreció una "sesión intuitiva" apenas mi esposa Robin murió. En realidad no entendí lo que ella quiso decir con "sesión intuitiva", pero sabía que cualquier cosa que tuviera en mente sería beneficiosa. Cuando dijo que intentaría conectar con Robin, estuve en shock, emocionado y algo escéptico. No pude dejar de imaginar que lo que iba a escuchar era simplemente la visión de Robin en la mente de Jane.

Durante esa primera sesión, Jane describió cosas que de algunas maneras fueron acertadas y de otras no. Así que por la insistencia de Jane, hice una pregunta que no había forma que ella pudiera haber sabido la respuesta, una que era lo suficientemente vaga como para apaciguar mi lado escéptico con una respuesta que Jane fuera incapaz de adivinar. La pregunta que hice fue: "¿Que hubo de diferente con mi patrón de sueño anoche?"

Lo que Jane me contó me hizo tambalear. Ella dijo, "Robin dice que lo que fue diferente en tu patrón de sueño fue 'el hecho de que finalmente dormiste en nuestro dormitorio anoche!' ¡Y dormiste en el lado de la cama de Robin!" Bingo, esto era exáctamente lo que estaba buscando. Por un par de semanas luego que murió, no podía dormir en nuestro cuarto, ¡ni tampoco podía hacerlo en nuestra vieja cama! Había estado durmiendo en una habitación vacía y había pedido un nuevo colchón, el cual fue entregado el día anterior a esta sesión. Robin fue capaz de comunicar a Jane el hecho que indicaba, lejos de la sombra de la duda, algo que nadie más pudo haber sabido. Entonces supe por mi mismo que el proceso con Jane era real.

Avancé rápido hacia el primer aniversario de la historia de "Te amo hasta la luna y de vuelta". He sido bendecido al tener algunas sesiones intuitivas luego de la playa. Por alguna razón estaba nervioso acerca de esa sesión. Hoy reflexiono que quizá fue así porque yo sabía que la parte emocional sería poderosa.

Ese impulso abrumador que había experimentado para mirar atrás a ese globo que parecía perdido en las nubes — eso era real! Y pasó como si alguien me hubiera tocado en el hombro dirigiéndome hacia arriba. Cuando conecté las señales y el mensaje de la linterna china, estuvo claro; rompí en llanto. Robin me decía que aún me "amaba hasta la luna y de vuelta"— ¿cómo puede algún mensaje de mi esposa en el cielo ser más poderoso que eso? Estaba contento, sabía que mi ángel de 30 años se había transformado en un ángel que ahora me cuidaba.

Esta experiencia me enseñó aún más que Jane tiene otro increíble don que puede ayudar a mucha gente a poner atención a lo que se desenvuelve alrededor de mí. Vigilar las señales, las cosas que de alguna manera te ayudan a recordar a alguien que se ha ido. Las señales están ahí si sólo pones atención.

Jerry Miner
GALLATIN, TENNESSEE

"La historia de amor es hola y hasta luego-hasta volvernos a encontrar.
JIMI HENDRIX

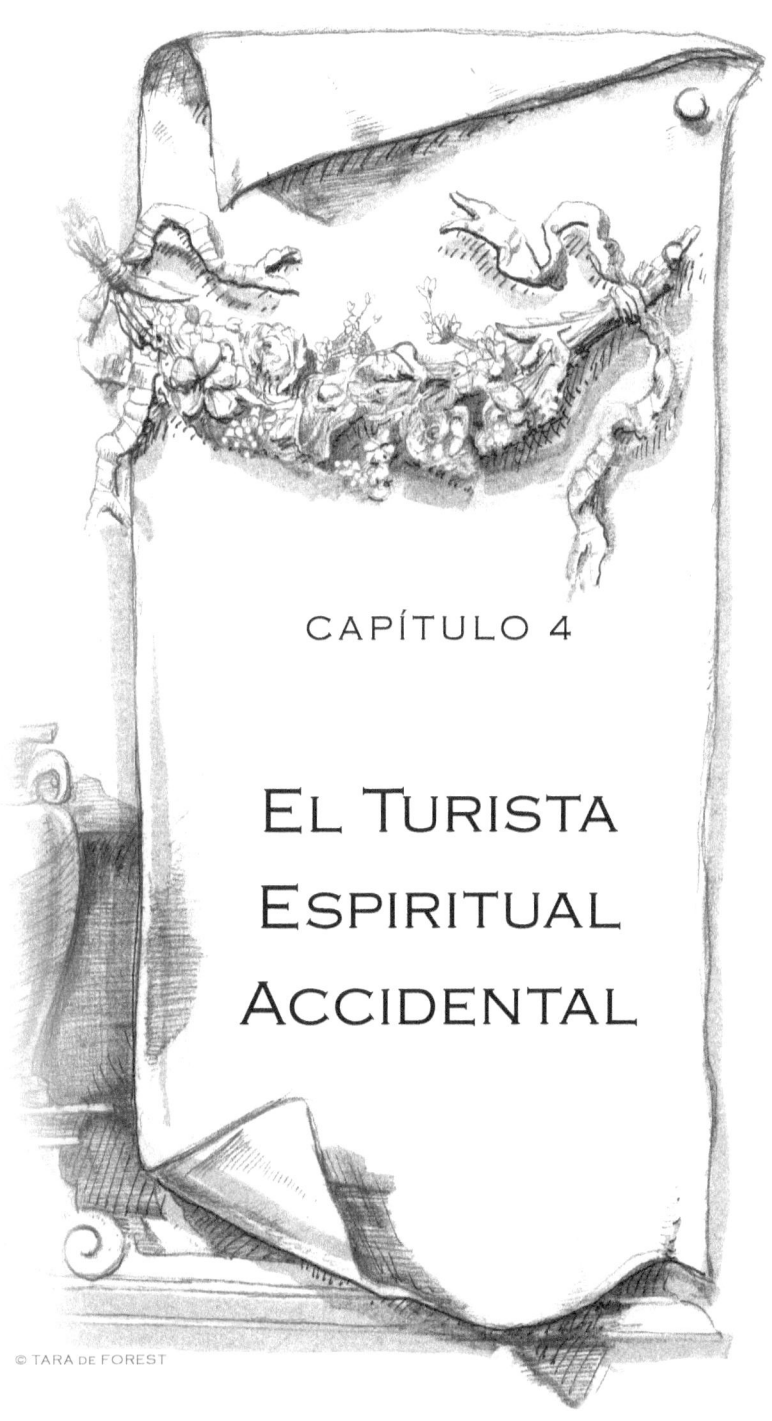

Capítulo 4

El Turista Espiritual Accidental

El Turista Espiritual Accidental

TODO SOBRE MÍ.

He estado absolutamente aterrorizada en todos los momentos de mi vida — y nunca he permitido que eso me impida hacer ni una sola cosa de las que quise hacer.

GEORGIA O'KEEFFE

EGIPTO

MI FASCINACIÓN CON EL ANTIGUO EGIPTO me llevó allí. En la Tumba del Rey en la Gran Pirámide, mientras estaba sentada en una caja de piedra rodeada de treinta y tres colegas investigadores cantando una oración de paz, tuve una visión del universo y simultáneamente un entendimiento profundo. La visión que tuve en gran detalle impactó mi conocimiento de esta creación — creo que abrió mi sexto sentido en una manera que permitió percibir más claramente.

Muy apropiadamente nombrado Travesía a través de la Misteriosa Escuela del Antiguo Egipto, el tour era liderado por dos de mis maestros favoritos: el autor prolífico Gregg Braden y el Egipcio Académico Egiptólogo, Hakim. El grupo estaba programado a visitar los sitios de antiguos templos que sirvieron como centros de educación y entrenamiento para el sumo sacerdocio del antiguo Egipto. La iniciación en el reino más elevado del antiguo sacerdocio establecido se obtuvo mediante educación y rigurosas pruebas en el misterioso sistema educativo.

Esto sería semejante a un doctorado en teología requerido para un líder en una carrera religiosa hoy en día o equivalente a un entrenamiento de seminario para un obispo o cardenal, pero acompañado de la física y de pruedas psicológicamente rigurosas….como nadar con cocodrilos.

Obtuvimos entradas privadas a los sitios arqueológicos antes que

2017 © TARA DE FOREST

abrieran al público y teniendo la Gran Pirámide para nosotros luego que cerró y después, fue extraordinario. Nuestro coach manejó todo el día directo del Mt. Sinaí (donde se dice que Moisés recibió los diez mandamientos de Dios, quien en el momento estaba disfrazado como un arbusto ardiente), llegando esa tarde. Y aún tuvimos tiempo para explorar las tres áreas mayores, el pozo en el nivel subterráneo, la Cámara de la Reina en el medio y la Cámara del Rey en el punto más alto. La cámara más notable es la habitación de 34 pies por 17 pies con un techo de 17 pies de alto, hecho completamente de bloques de granito rosa. Hay 101 bloques y nueve vigas que componen la habitación.

Nuestra pequeña banda de buscadores espirituales sostuvimos nuestras manos y cantamos un "mantra de paz" (Tina Turner tiene una versión de él aqui: https://www.youtube.com/watch?v=6XP-f7wPM0A aunque no sonó exactamente así) al unísono por algunas horas alrededor de la cámara de granito rosa. Tan grande está la caja que no pudo haber entrado por la puerta, pesando 5.75 toneladas incluyendo la losa superior. Todo el lugar es un absoluto misterio y se dice que es inconstruíble, incluso con la tecnología actual. Tomamos turnos recostándonos en la cama de granito mientras otros sostenían el círculo y cantaban con voces rítmicas.

Cuando llegó mi turno, me metí en la caja de granito rosa y pronto encontré mi centro. En el ojo de mi mente, vi un símbolo tridimensional que contenía la forma de un pensamiento o posiblemente era una forma de pensamiento con una forma correspondiente. Un titilante huevo verde de celadón, dividido en tres piezas dimensionales de rompecabezas apareció frente a mí. Una voz en mi cabeza, o quizá llegó información telepáticamente a mi mente, pero habló al centro de mi ser. Entonces "supe" que el rompecabezas verde gigante como un huevo era la forma del Universo como Dios lo había creado. Mi investigación posterior reveló que el "huevo cósmico mundial" o "universo en forma de huevo" es una creación imaginaria de nuestras civilizaciones más antiguas. En mitología Egipcia, el ser primordial sale de un huevo cósmico universal. En las escrituras sagradas Védicas, está escrito en Sánscrito que la forma del universo es como la forma de un huevo llamado Brahmanda (ब्रह्माण्ड) (derivado de "Brahm" (ब्रह्म) que significa "cosmos expandiéndose" más la palabra "anda" (अण्ड) que significa "huevo").

PERÚ, LA ZONA AMAZÓNICA Y MI SUEGRA

MIS AVENTURAS EN PERÚ me llevaron en el sendero del Inca a Machu Picchu y el Lago Titicaca, las dos ubicaciones, sospecho yo, que son algún tipo de anomalías electromagnéticas, vórtices o "hotspots" del planeta tierra. En mi aventura en la Amazonía fue la primera vez que me dí cuenta que podía "leer" mentes y pensamientos. En retrospectiva, todas esas experiencias despertaron mi habilidad latente para percibir información fuera de mí, una habilidad que creo que reside en todos nosotros. Estos cimientos de desarrollo de capacidades eran la preparación para mi comunicación con el mundo de los espíritus. Pero ¿quién hubiera pensado que experimentar el mundo de los espíritus habría sido más fuerte a través de mi suegra?

Cuando se detuvo en nuestra casa una tarde, Eve llevaba una blusa durazno chiffon con aretes de perlas, los que mi esposo le había comprado con su mesada ahorrada —ahora él no recuerda si fue para su cumpleaños o Día de la Madre. Esta fue la ocasión en que la conocí y dos horas pasaron volando. Solamente que

Eve murió en 1976, hace más de tres décadas.

Primero percibí una densidad energética en nuestra sala mientras mi esposo y yo conversábamos sobre su madre luego de cenar y la recordábamos. Sentí una personalidad sólida y naturaleza amorosa. *¿Era alguien a quién conocía?* Mi esposo pensó que posiblemente era su mamá porque la blusa durazno y los aretes eran descripciones acertadas de exactamente los favoritos que Eve usaba regularmente.

Yo ciertamente no estaba segura si me estaba comunicando con su madre — pero cuando hice un dibujo de los botones inusuales y textura de la prenda que había visto en el ojo de mi mente, mi esposo estaba convencido. Mi dibujo era una representación casi perfecta de su vestido favorito con el que la habían enterrado.

¿MENTE CERRADA O MENTE ABIERTA?
TÚ TIENES LA DECISIÓN

El admitió después que le había pedido en silenciosa oración que le enviera una señal que él no pudiera dudar y el dibujo fue todo lo que necesitaba. La experiencia tocó el corazón de mi esposo y supo inequívocamente que su madre estaba ahí todavía con él. Significó el mundo para él. Una sensación de profundo amor me invadió, pero desde una percepción intuitiva…hubo un calor y aprecio hacia mí como esposa de un hijo y como madre de nietos. Sabía que me agradecía desde el otro lado.

Mi percepción se expandió y comencé a utilizar más de mi habilidad intuitiva natural. Había estado trabajando con mi intuición, pero esta experiencia amplió el espectro. No hay un mapa de la vida después de la muerte pero mi investigación me atraía a las culturas antiguas y mundiales, así como a los descubrimientos científicos.

¿Mi conclusión?

Muchas de las culturas a través de la historia han adoptado el ciclo de la vida y la muerte en términos de un viaje con diferentes etapas — por ejemplo, la metáfora de la oruga-mariposa.

La ciencia de vanguardia ha dicho que estamos en constante cambio y somos en mayoría una ola de vibración que contiene poca materia y que la consciencia es radicalmente importante, que parece afectar todo aspecto de nuestra vida.

Sin embargo luché con la idea de hablar con ancestros muertos; ¿qué dirían los vecinos si se enteraran?

INTUICIÓN Y EL TABÚ CONTRA SABER LO QUE SABES

EL TABÚ CONTRA LA COMUNICACIÓN CON ancestros y animales me mantuvo al margen en mi convencional barrio suburbano. Había escondido mi don de intuición por miedo de rechazo social y el pensamiento de avergonzar a mi familia. Anticipé un fuerte juicio y preferí encajar sin problemas dentro de mi maravillosa comunidad. Sólo mis clientes y amigos contados con los dedos de las manos sabían que había desarrollado el sexto sentido y raramente usé la palabra "psíquica" por el estigma.

De todas maneras el rumor se esparció sobre mis sesiones y dibujos intuitivos.

Garabateaba imágenes para algún cliente. Algunas veces un retrato exacto de la persona o animal en cuestión salía a la superficie. Un diverso grupo de personas comenzaron a buscarme con una variedad de preguntas y pedidos acerca de temas de relaciones, comunicación espiritual con seres queridos en el otro lado, resolver asuntos pendientes y arrepentimientos, lidiar con el dolor, las consultas del alma gemela, la comunicación con los animales, el susurro del caballo y la comunicación con niños que no podían hablar o usar el lenguaje de señas (mi trabajo extra).

Profesionales de la salud, legales y financieros estaban interesados en considerar cuestiones del trabajo y, por supuesto, había quiénes simplemente sentían curiosidad. Una parte significativa de la gente estaba simplemente "atrapada" en su camino y sólo necesitaban una perspectiva diferente para seguir adelante en sus vidas.

Mi "práctica intuitiva" se desarrolló durante este tiempo y después, amasé una colección de historias notables y dibujos de mis investigaciones intuitivas. Sentí el anhelo de compartir la sabiduría que había obtenido de mis clientes, tanto humanos como animales.

Kara fue la primera persona de la que comencé a escribir. Viste su historia anteriormente. Su historia me llevó a escribir otra la cual llevó a otra y luego de un tiempo tenía una colección de encuentros fascinantes que quería compartir.

2005 © JANE DE FOREST

COMPASIÓN

Pero siendo una persona privada y tímida estaba reacia a salir del closet de "intuitiva." Mi miedo a las opiniones de los demás me hicieron cortar mis propias alas. "Esta chica no podía volar." Publicarlo estaba fuera de cuestión. Pero mi inconsciente debe haberse perdido el mensaje, porque comencé a tener un sueño recurrente: estaba luchando por tomar un avión, pero a pesar de mis intentos heroicos, el vuelo siempre despegaba sin mí. Me

EL AMOR NUNCA MUERE

2017 © JANE de FOREST

ORACULO DE DELPHOS
1400 BCE

despertaba en pánico y sabía que me perdía de algo GRANDE en mi vida. Nada me inspiraba más que crear usando mi intuición. Mientras más seguía el deseo de mi corazón, menos me perdía del vuelo. Una vez que decidí publicar las increíbles historias sobre inteligencia animal y "el amor que nunca muere", finalmente tomé el vuelo.

LA HISTORIA DETRÁS

PARA AQUELLOS QUE ME CONOCEN por primera vez, unas pocas palabras de introducción son necesarias. Soy una artista clásica formada en la Escuela de Diseño y Artes de Rhode Island. He pintado murales en muchas grandes casas y mis pinturas y/o impresiones giclées cuelgan en las colecciones de la increíble Jane Goodall, Martin Sheen y Joan Borisenko. La creatividad burbujea fuera de mí y ahora está conectada a como veo el mundo. En los años de hacer visualizaciones guiadas con niños y como artista profesional, he desarrollado un sistema de entendimiento y comunicación más allá de las palabras.

SER UNA INTUITIVA PROFESIONAL

EL SER UNA INTUITIVA PROFESIONAL ES un sueño que he tenido desde que era una niña pequeña. Veía a adivinos y lectores de hoja de té con un profundo sentido de asombro … yo también quería poseer ese superpoder psíquico que ellos parecían dominar. No puede pasar desapercibido el hecho que mis padres quisieron nombrarme Sibyl, pero después se decidieron por Jane para honrar a mi amada abuela . En el mundo antiguo las Sibyls eran una clase de mujeres intuitivamente dotadas que se comunicaban con los Dioses y Diosas que se reunían en el panteón. Reyes y generales consultaban estos oráculos para saber información intuitiva antes de cualquier campaña militar y decisiones importantes, mientras que buscadores de todos lados buscaban orientación sobre las preocupaciones cotidianas.

Pintando en mi estudio de arte, podía entrar naturalmente en una especie de espacio sin tiempo, donde mi imaginación e intuición se superponían. En este estado de consciencia expandida, al que llamé "la zona", producía mi trabajo más hermoso. De niña, pasaba mucho de mi tiempo en lugares imaginarios y mi creativa y brillante familia me motivó a pensar de forma mágica en maneras innumerables. Era también una forma de acoplarse a una vida familiar difícil. Como adulta, extendí y desarrollé "la zona" a través del estudio con maestros y práctica persistente.

Lugares sagrados tenían también un efecto inesperado, impulsando mis capacidades, creando un tipo de experiencia de "apertura."

Cuando enseño o les doy tareas a las personas luego de sesiones intuitivas, trato de desentrañar su creatividad. Mis herramientas principales para ayudar a las personas a desbloquearse son meditaciones guiadas y arte.

Enfocar nuestra mente y crear arte con nuestras manos, de manera intencional o en manera de oración, puede ayudarnos a salir de nuestros caminos. Para las muchas personas que se quedan atrapadas en la mente racional y olvidan a la persona creativa dentro, estos son los primeros pasos que hacen que la aventura al autodominio sea más fácil.

Crecí en una familia de grandes intelectuales y artistas que valoraban las artes, literatura e historia ancestral. Mi madre es una valiente y brillante mujer, una artista excéntrica, música clásica, y era una consultora de administración y profesora de la historia de arte en varias universidades, en un tiempo en el que las mujeres en un alto puesto de trabajo eran una anomalía.

Fascinada por culturas indígenas, ella viajó como una antropóloga a las afueras de México en los 1970s, 80s y 90s,

LA SABIDURÍA ES MÁS IMPORTANTE QUE LAS COSAS

PLUMA DE LA VERDAD   ORO

conociendo importantes shamanes y diseñadores de máscaras. Debido a mi preocupación por mi madre, persuadí a la pelirroja mayor a vivir con nosotros. Ella estaba reacia a cambiarse del centro cultural de Chicago a lo que ella consideraba las afueras del Noroeste Pacífico. Más que nada simplemente no nos llevábamos muy bien. Ella era mi némesis y el viaje a la curación de nuestra relación fue equivalente a mi escalada al monte Kilimanjaro y francamente uno de mis momentos de estrella de rock — para nosotras dos. Yo constantemente, bueno bastante a menudo, elegí abrir el corazón en lugar de aferrarme a la postura como una joya preciosa. Y así como estas cosas se van, mi corazón abierto fue recompensado por mil, ya que tenerla compartiendo nuestras vidas ha sido una bendición en un sinnúmero de maneras.

Mi ilustre abuelo, Abby, tenía una brillante mente judía. El estudió filosofía en la Universidad de Johns Hopkins en la

cúspide de la Depresión. Casi todos sus parientes fueron despojados de Austria en los principios del siglo 20, y entre otras cosas, él estudió los orígenes de la Biblia, esperando comprender cómo las ideas religiosas justifican el derrame de sangre por milenios.

Gilgamesh, el poema épico y Los Rollos del Mar Muerto completos y los libros perdidos de la Biblia estaban en el estante de su biblioteca al lado de los montones de recortes del New York Times en el suelo.

Jane, mi abuela, pudo leer y escribir jeroglíficos egipcios y fue una de las docentes originales en el Instituto Oriental de la Universidad de Chicago. Ella me arrastraba a través del famoso museo, señalando artefactos maravillosos como la escultura de 40 toneladas de un hombre con cabeza de toro y alas, del palacio del Asirio Rey Sargón II. Mis abuelos tenían una afinidad profunda por el mundo antiguo y entre los dos hablaban nueve lenguas. Eran tan brillantes, sin embargo, sin embargo Dios no encajaba en su visión intelectual del mundo, aunque inexplicablemente éramos Episcopales.

Fuí criada para respetar el profundo conocimiento, pero de niña no podía leer los libros de los estantes de mis abuelos. La dislexia grave me había impedido descifrar el código de "aprendizaje de libros." dejándome extremadamente desanimada y frustrada. En retrospectiva me doy cuenta que como resultado, me abrí a adquirir conocimiento de otras maneras, justo como los ciegos desarrollan un elevado sentido de oído u olfato. Yo podía sentir una situación, tomar información e imágenes. Sospecho que éste era el preludio para el desarrollo de mi intuición o mi sexto sentido.

Más tarde me entrené con Louise Hauck, una psíquica conocida internacionalmente como la primera aprendiz en su programa exitoso. La meditación Vipassana me ayudó a aliviar mi ansiedad y me llevó al Budismo, Kundalini Yoga y respiración tántrica. Cuando estaba lista, mi maestro más importante apareció, una curandera Lakota de un cuerpo de 400 libras. Ella usaba un fuerte lápiz labial rosa que casi encajaba en sus labios. Al principio no la reconocí como un ser iluminado porque estaba esperando a alguien que se viera como el Dalai Lama, o por lo menos Ram Dass, pero ella resultó ser mi más esencial maestra y a la que le debo mi más grande gratitud.

INSPIRADA POR LA PALOMA

PERO EL EMPUJÓN FINAL A SEGUIR con mi sueño vino en las alas de una paloma. En la graduación de la universidad de nuestra hija, nos sentamos en un mar de paraguas cerca a la magnífica rotonda de Thomas Jefferson. La Universidad de Virginia estaba lanzando miríadas de graduados al mundo. La conferencista principal, Rita Dove, cantó sus palabras en cadencia rítmica, saboreando sílabas como chocolate negro.

El mensaje poderoso que ella ofreció fue directamente para mí, estaba segura, principalmente porque ella dio en el clavo con mis luchas específicamente: mi anhelo interior por un trabajo auténtico en la vida y la necesidad de seguir mi camino espiritual. La alabada poeta y la simple sabiduría de la ganadora del Premio Pulitzer me atravesaron el alma. Su voz lírica cortó mis defensas y habló directamente a un lugar profundo dentro de mí. Ella dijo:

1. La vida es corta.

2. No te encasilles.

3. Hay una razón para que cierta gente, lugares, sitios, libros, ideas, etc., "hagan que nuestras orejas se paren"; siempre sigue lo que te atrae.

Rita Dove había sido triunfadora en sobrepasar obstáculos mucho más grandes que los míos y había espolvoreado el mundo con magnificencia. Su espíritu creativo era demasiado grande como para aplastarse en una caja; se permitió crecer y florecer más allá de los confines de limitadas ideas. Mientras estaba parada en ese famoso césped miraba su ondulante y cristalino campo energético con ojos cerrados. Vi senderos luminosos emanando mucho más lejos de su cuerpo físico. Sentí una ola de gratitud sobrecogedora. "El mundo es un mejor lugar porque ella está aquí," pensé.

¿La vida es corta, me había encasillado?
¿Que me atraía?
¿Que ideas y lugares hacían que mis orejas se pararan?
¿Había hecho realmente lo que vine a hacer?
¿Sólo hay una cantidad de tiempo?
¿Arrepentimientos?
Bueno, algunos … sí.

La realidad de mi estancia limitada en la tierra me golpeó duramente.

*Todo lo que somos es un resultado de
lo que hemos pensado,.*

— BUDDHA

Capítulo 5

Mi Conversación Con Ishtar El Caballo

Mi Conversación Con Ishtar El Caballo

Los nombres y la ubicación de esta historia están cambiados. He localizado la historia en uno de mis sitios favoritos en el Noroeste Pacífico, y he incluido una carta sobre el reflejo humano del caballo.

Es viento del cielo el que corre a través de los oídos de un caballo.
PROVERBIO ÁRABE

LOS ANIMALES SON UNOS DE MIS CLIENTES favoritos y trabajar con ellos es una de las cosas más gratificantes que hago (aparte de trabajar con niños). Su energía pura y sus corazones abiertos aseguran que será una alegría aceptar una oferta para ayudar a un animal; así es que estaba esperando con ansias este momento. Los animales tienen tanto para enseñarnos y muchos de nosotros contamos a nuestras mascotas como familiares de alto rango. Comunicarse con nuestros amigos de "cuatro patas" se siente como una llamada noble para mí, pero los animales están enmarcados en el mundo de criaturas de "dos patas" porque la mayoría de la gente o subestima su inteligencia o no cree que se puede comunicar telepáticamente con ellos.

Cuando fui invitada a ayudar a una yegua enferma comunicándome directamente con ella, estaba encantada y nerviosa. Tuve contacto previo con caballos, así que no estaba completamente des familiarizada con el concepto de comunicación entre especies, pero la comunicación con caballos no era mi especialidad. Dándome cuenta que necesitaba toda la ayuda posible, pedí ayuda a mi guía equino espiritual, (asumiendo que tenía uno) que me ayudara a interpretar los mensajes de una yegua llamada Ishtar.

Me impresioné de Ishtar a mi llegada a los establos. Se veían bien mantenidos. Claire me esperaba con una suave sonrisa. Era una dulce mujer con un corazón bueno y suave personalidad, quien amaba a su caballo profunda- y apasionadamente. Su vida se sentía como una novela trágica, pero ninguna oscuridad podía disminuir su luz. Una persona optimista y positiva, era un placer trabajar con ella. Siendo una devota Cristiana, ella encontró consuelo en la religión y de otra manera, también encontró consuelo en su relación con su caballo. Ishtar era parte de su sanación.

Claire estaba aliviada de ver que yo quería ir directo a trabajar. Ella había intentado todo en lo que pudo pensar para que Ishtar saltara, pero la yegua se negaba. La yegua se había vuelto más y más agresiva. Claire estaba desesperada…¿sería esta situación un problema de comportamiento de engreída o era dolor, o algo más?

Llegamos hasta el establo de Ishtar y nos acercamos con cuidado, esperando no asustarla. La poderosa yegua giró su cabeza impositiva para examinarme y sus ojos grandes parecían penetrar mis pensamientos. La cabeza de la yegua se sentía suave bajo mi mano mientras yo inhalaba y me centraba. Sus sentimientos e imágenes llenaron mi mente. Claramente no eran humanos.

La cualidad equina es sólida, terrenal, dulce, honesta y simple, con la inteligencia de un niño de cinco años, más o menos. Sin embargo hay madurez y sensualidad, y si el caballo no ha sido abusado, tiene un sentido del humor. El mundo desde la perspectiva de un caballo se forma por una rica variedad de olores, una consciencia de sus alrededores y un estado constante de alerta máxima. No estoy segura si el caballo puede ver colores, pero creo que tienen un matiz de percepción porque parecen comunicar de tales cosas como el color del cielo y los árboles.

Claire vive en Bend Oregon, el lugar que ella considera uno de los más hermosos del planeta. La ciudad tiene galerías, restaurantes interesantes, conciertos y Shakespeare en el parque. Bend es la Meca para deportistas entusiastas, ciclistas, senderistas, para esquiadores, para montañistas y balseros, sin mencionar a los deportistas que gustan de pescar en canales y lagos de aguas puras.

MT. HOOD, OREGON

Había tomado la Avenida 26 en el paso del Monte Hood, desde Portland el día anterior para poder llegar a encontrarme con Claire e Ishtar. La montaña es en realidad un volcán (no pueden engañarme, soy de Chicago) y es una en la cadena de volcanes que componen el "Anillo de Fuego", una gran área del Océano Pacífico que contiene más de 450 volcanes — 75% de los volcanes de todo el mundo.

Conocido como Wy'east por la tribu India Multnomah, el bosque conífero es grueso y denso en las estribaciones. En el límite del bosque, sólo rocas y glaciares se elevan hasta el pináculo de 11,000 pies.

Bajando desde la elevación de casi 5.000 pies, pasé por la reserva india de Warm Springs, donde el paisaje dio paso a un alto desierto árido. La salvia con tierra roja cubría las laderas suaves y la cordillera Cascade reveló los picos de basalto dentados de las Montañas de las Tres Hermanas. Hace alrededor de 16 millones de años, gigantes erupciones volcánicas en Washington, Oregon y Idaho produjeron enormes volúmenes de lava fundida que fluyeron como agua hacia el oeste tan lejos como hasta el Océano Pacífico. Mientras conducía, me enfoqué en el cielo azul cristalino que parecía estirarse desde un filo de la tierra hacia el otro. Un águila voló alrededor y encima y sentí gratitud por este exquisito momento.

Dirigí mi atención a la tarea del momento: hablar con un caballo. Bueno, de hecho hablar con el caballo no es la parte difícil; el escuchar lo que el caballo tiene que decir es la parte un poco más complicada.

Una flexible yegua de ocho años con una estrella blanca en la frente, Ishtar era inteligente y traviesa, pero también demasiado consentida. Claire había luchado con el comportamiento consentido de Ishtar y era por ésto que ella había solicitado mis servicios. Estábamos tratando de determinar que corregiría la falta de interés de Ishtar para saltar y su renuencia general a seguir comandos. Resultó que había una buena explicación porque ella no estaba interesada en saltar.

La razón era su pierna — saltar le dolía.

Cerré mis ojos. Recé. "Pido al Creador que guíe mis palabras y acciones para ayudarme a hacer mi mejor trabajo." Me imaginaba una blanca luz Crística y un sentimiento de amor incondicional envolviéndonos — estábamos completamente envueltos. Invoqué a los cuatro arcángeles y les pedí que se pararan en las cuatro esquinas del establo. Inmediatamente los vi ahí en el ojo de mi mente.

Dejé que Ishtar supiera que mis intenciones eran pacíficas, cultivando afecto y amor genuino por la yegua en mi cuerpo-mente. Me imaginé sosteniendo a mi perra Shaman en mis brazos cuando era tan sólo una linda cachorra. Proyecté el sentimiento como luz y lo envié desde mi corazón al corazón de Ishtar en la forma del infinito. La conexión tomó algunos minutos y comencé a sentir al animal abriéndose conmigo.

Mientras me instalaba para "leer" a la magnífica criatura, lo primero que "vi" fue una alta y delgada mujer con joyas grandes y un triste corazón. Luego sentí dolor del estómago…y después mi pierna delantera…luego olí aire fresco.

Esta iba a ser una cabalgata salvaje sin siquiera dejar los establos.

Escuchando atentamente, creé espacio en mi mente, permitiéndome ser receptiva a la información del animal. Las imágenes comenzaron a materializarse, luego surgieron sentimientos en conjunto con ellas.

—La yegua me está diciendo que su pata delantera le duele. Por eso ella no estaba interesada en saltar, reporté. —Me está mostrando una media en su pata que está super apretada. ¿Puede ser éso correcto?

—Hay un tipo de bota que podría ayudarla si su pata le duele … sí, eso tiene perfecto sentido. Haré que el ayudante del establo solucione eso —dijo Claire.

Desafortunadamente, hubo una mala comunicación y la bota estabilizante que Ishtar quería nunca fue puesta. Unas semanas después de nuestra sesión, otro jinete la sacó a saltar y su pierna explotó. Claire desesperaba por el sufrimiento del animal y se lamentó que ahora el caballo no volvería a saltar de nuevo.

Tuve la impresión que la elegante mujer mayor era importante — el caballo parecía quererla genuinamente y al mismo tiempo podía sentir el afecto auténtico que esta mujer mayor sentía por el caballo. En realidad, esta mujer adoraba a Ishtar, intuía yo.

Increíblemente, Ishtar describió el estado emocional de su dueña previa; la yegua me mostró (a través de sentimientos) que por el amor de la mujer, le fué difícil decir adiós el amor de la mujer le hizo difícil decir adiós cuando Ishtar se vendió. El caballo sólo sabía que tenía que irse, sin tener ningún concepto de propiedad o dinero. Por consecuencia, ella no entendía el ser vendida o la razón por la que tuvo que dejar a la linda y elegante mujer y a los establos que llamaba su hogar.

Ishtar estaba de alguna manera consciente de que la mujer había perdido a su esposo o a un hijo masculino o a los dos. La imagen que recibí era de una mujer envuelta en tristeza, con su cabeza agachada, cargando un peso que resonaba con energía masculina. Lo más fascinante era que el caballo estaba en lo correcto como Claire corroboró inmediatamente.

—Es verdad. Ella era una elegante mujer mayor que usaba grandes joyas baratas. Estaba con el corazón roto de haber tenido que venderla luego que tuvo una caída y no pudo montarla más. Sí, su esposo le pidió el divorcio, dejándola abruptamente por una mujer más joven —reportó Claire.

EL AMOR NUNCA MUERE

—Ahora veo un pequeño prado rodeado de árboles de pino. El pasto es dulce e Ishtar ama el lugar. ¿Se te hace familiar un lugar así? —Podía sentir el dulce pasto en mi boca.

—¡Sí! Ese era el lugar de entrenamiento de Ishtar y ella sí amaba ese lugar! Esos eran los establos de la mujer elegante, quiero decir, la previa dueña —dijo Claire.

—Ahora veo un prado en un acantilado con vista a un río. El cielo está azul, huelo aire fresco. Puedo ver que Ishtar está feliz en este lugar.

—Su actual sitio de pastoreo tiene la vista del Río Deschutes —dijo Claire.

—Su caballo me está dando un tipo de consciencia de ave. Algunos son ruidosas, bueno, ruidosas y rectas ... oh, también grandes, enormes.

Eso es curioso, pensé. Escuché a un ave ruidosa, *¿un águila o un halcón? ¿Chillando? Pero ellos no son tan ruidosos*, me dije. Esperé un momento, esperando que algo me llegara. Claire y yo nos miramos y un foco se apagó sobre nuestras cabezas simultáneamente.

—¡AVIONES! —dijimos a la misma vez y nos reímos. Los establos estaban en la ruta de un aeropuerto ocupado. Estaba anonadada. *¡Un caballo comprendiendo todo ésto!* Estaba asombrada y maravillada de cuán astuta, cuán inteligente era esta yegua. En esta conversación profunda con el animal me sentí humilde y a la vez inspirada.

Me centré y traté de unirme con la conciencia del caballo. Un sentimiento de afecto me llegó pero la emoción era diferente, más como una poderosa afinidad, una profunda amistad, que resemblaba camaradería. Luego vi la imagen de un caballo de pelo claro en un campo verde en un día soleado. Ese caballo llevaba energía masculina.

¿Estaba interpretando ésto correctamente? ¿Podría ser ésta la manera como los caballos se preocupaban de los otros? Esto es extraordinario…¿estoy experimentando el "amor entre caballos?"

—Pienso que hay un caballo que a Ishtar le gusta o a quien quizás ama, de una manera equina. La energía se siente masculina y el caballo se ve más claro que ella. Oh sí, ¡y se siente masivo también!

Claire se veía asombrada. Ishtar estaba "apegada" a un castrado Warmblood Holandés gris de dos metros. Los dos eran mutuamente sus compañías preferidas, se disfrutaban y se frotaban las narices, lo que pueden ser besos de caballo. Una grande pradera rodeada de siempreverdes era un sitio favorito en días sole-ados. Ishtar fue separada de su amigo cuando Claire cambió de establos, pero como si fuera cosa del destino, fueron reunidos en los establos que ahora comparten.

—Tengo una foto de sus frentes tocándose, formando una perfecta forma de corazón, con el Monte Bachelor a la distancia —dijo Claire.

Con toda la intriga, me había distraído del hecho de que estaba parada con mis ojos cerrados en un espacio pequeño, cerrado y con un animal de 1,200 libras que podía aplastarme en cualquier momento o por lo menos hacerme un serio daño. Claire estaba completamente a gusto con esta bestia gigante y no se veía preocupada, pero ciertamente no pensé que estar en tal proximidad fuera una buena idea. Traté de actuar con la mayor despreocupación posible, deslizándome al otro lado del establo cerca de la puerta.

Desde mi posición, podía ver una línea iluminada, quizá una

vena, detrás del ojo derecho de Ishtar y un dolor en ese lado de la cara. ¿Dolores de cabeza relacionados con presión arterial? Su vientre le dolía pero también sentía que su espina estaba fuerte y me sentí "saludable" cuando escaneé su cuerpo. Claire se preguntó si era éso por lo que la yegua había estado sacudiendo la cabeza últimamente y por que su estómago había parecido estar sensible al tacto.

—Puede que haya otra razón para el dolor abdominal de Ishtar. Me dice algo sobre una mujer joven, una adolescente quizás, que la monta. Le hace daño con sus pies. Esta chica tiene su corazón cerrado hacia el caballo. Ella mastica chicle o algo con su boca y tiene pelo castaño.

Claire estaba visiblemente enojada por la idea de que alguien pudiera estar lastimando a su amada yegua. Luego me enseñó una foto de una adolescente de pelo castaño con frenillos que montaba a Ishtar una vez por semana. Se preguntaba si las espuelas que usaba podrían estarse clavando en el estómago de Ishtar.

Claire estaba sobrecogida por la sesión, pero considerando la magnitud de la experiencia, lo estaba haciendo muy bien. Yo estaba confiada que ella remediara la situación de su jinete hiriente pronto.

MI EXPERIENCIA PREVIA COMO una "médium equina" había sido relativamente limitada. Decidí mejorar mis habilidades, así que en un establo local, hice las rondas, visitando los puestos y tomando notas, registrando las imágenes, los sentimientos y los eventos que los caballos me comunicaban. Algunos hechos

2017 © TARA de FOREST

eran verificables debido a la cantidad de tiempo que un caballo había vivido en el establo y la cantidad de información que los propietarios anteriores habían proporcionado. Sin embargo, había muchos detalles que no podían ser probados y algunos detalles estaban ligeramente anticuados, como la cantidad exacta de años que el caballo había vivido en ese establo. Por ejemplo, un caballo me dijo que llegó al establo cuando tenía cuatro años, pero el número correcto era cinco. O mi lectura estaba errada, o el caballo medía el tiempo de manera diferente.

He descubierto que los caballos tienen cualidades similares a los perros, con respecto a su esencia, inteligencia y campo de energía. Dentro de cada especie, también hay variaciones entre los animales individuales. Varios caballos me han contado sobre los "hombres malos" que los golpeaban, los maldecían y les escupían, aparentemente en el mundo de las carreras. Los caballos no parecen resentidos ni amargados, pero sí recuerdan los insultos y el dolor y pueden tener el equivalente a problemas psicológicos humanos. Los caballos aman de una manera que es diferente del amor humano, una especie de vínculo afectivo difuso, no del amplio espectro y la profundidad de los sentimientos que tienen los humanos.

Claire quería abordar un problema que le molestaba sobre el comportamiento de su caballo.

—Jane, otra razón por la que te contacté fue que he estado teniendo dificultades con la agresión de Ishtar sobre su puesto y espacio. ¿Algunas ideas?

Sentí que la razón era "mimos" y sospeché que el dueño anterior había echado a perder al animal. Claire admitió que la mujer se había entregado a Ishtar porque se sentía culpable por montarla con poca frecuencia. Con eso, encontramos la raíz del problema.

Ahora quería darle algunas sugerencias concretas a Claire, así que le pregunté al caballo qué le desagradaba. Ishtar me mostró la imagen de un caballo de cara a la esquina, como un castigo de "burro" de la vieja escuela. Si Claire intentara disciplinar al caballo de esta manera, podría ver cómo las cosas funcionarían con éxito. Pero también vi que alentar al caballo funcionaría si Claire era juiciosa con las recompensas.

Ishtar también se sentía sola y un poco aburrida.

—Bueno —dije, —sobre los problemas de comportamiento: este caballo está mimado y ella todavía quiere más recompensas que sólo la ocasional. Las recompensas son importantes para ella, pero también necesita disciplina. "Vi" su cabeza retenida en la esquina del establo para romper sus malos hábitos. ¿Eso parece como una posible técnica de entrenamiento? Si es así, entiendo que deberías pasar por lo peor en unos dos meses y ver si así éso se detiene. Además, Ishtar pidió que la visitaran con más frecuencia. ¡Toda la actividad del establo a menudo la ha dejado sola, sin que ¡nadie venga POR ELLA! Ella está sola y eso es en parte, por qué está enojada contigo cuando llegas.

—Ella me está mostrando un puesto de granero con música. Ella está pidiendo música, pero no creo que le guste el tipo country-western. Siento que le gustará algo más como clásico. Estoy pensando más en Mozart y menos en Merle Haggard. ¡Ah y por cierto, ella TE AMA, Claire, en cierto modo! Tú eres importante para ella y ella cree que tú le perteneces. Ella no entiende que eres su dueña.

Qué mundo tan diferente sería si pudiéramos respetuosamente honrar a los animales. Tienen espíritus y quieren ser amados. A cambio, ellos nos aman y nos sirven.

Volviendo a casa, sentí una sensación de satisfacción y asombro al reflexionar sobre el poder de curación de los animales que quieren satisfacernos y amarnos incondicionalmente. En cierto modo, son guías para nosotros que hablan un idioma diferente.

La vida es buena, las cosas simples...
cada momento es exquisito.

"La gracia de Dios se encuentra entre la silla y el suelo."
PROVERBIO IRLANDÉS

UNA CARTA DE CLAIRE

Mayo 11, 2016

Querida Jane,

No puedo agradecerte lo suficiente por tu tiempo y energía al hacer esta sesión con mi yegua. Estoy asombrada. Como ser humano, quiero escuchar hablar a los caballos, pero simplemente me quedo mirando sin saberlo en sus grandes ojos cautivadores que me dejan intrigada. A través de ti, Ishtar expresó palabras y recuerdos y nos habló sobre su dolor en la pierna e incluso su soledad y su deseo de ser visitada con más frecuencia. Desde que hiciste la sesión del susurro del caballo, me he comprometido a viajar todos los días, a visitarla, e incluso a conducir a los establos en la tarde y decir buenas noches. Ella parece mucho más feliz.

Gracias a ti, Jane, he abierto mi corazón y amo a Ishtar más de lo que alguna vez pensé posible. Ese amor me ha ayudado a lograr lo que pensé que no podría suceder, después de tanto dolor en mi vida. He sanado.

Jane, me mostraste que mi caballo es un reflejo. Gracias por compartir sus pensamientos conmigo. Estoy asombrada. Ahora puedo respirar su aroma y abrazar su latido más completamente, ya conociendo sus palabras y escuchando sus pensamientos. Me abriste su alma y compartiste sus ideas, opiniones e incluso sus necesidades. ¡Qué regalo! Estaré por siempre agradecida.

Sinceramente,
Claire

CAPÍTULO 6

LA MISTERIOSA
MUERTE DE
MAX EL PERRO

La Misteriosa Muerte De Max El Perro

En esta historia real, la ubicación, Friday Harbor en la isla de San Juan en el archipiélago de setecientas islas en la esquina noroeste del estado de Washington. Ah, los nombres también han sido cambiados.

"El amor es una palabra de cuatro letras."

ANNA ESTABA ANSIOSA POR DESCUBRIR qué le había sucedido a su perro, que había muerto en circunstancias misteriosas unos meses antes. Tenía dudas sobre mi capacidad para localizar detalles precisos, pero estaba decidida a intentarlo.

En sus treinta y tantos años, con una figura voluptuosa, un rostro exquisito y cabello en cascada, Anna era deslumbrante. Una serie de coloridos y elegantes tatuajes surgieron bajo la suave tela de su ropa.

Anna prefirió permanecer soltera. Muchos de sus amigos se habían casado después de la universidad y ahora se estaban divorciando; su vida no fue complicada en comparación. Aunque no había escasez de hombres interesados, el Señor Alma Gemela aún no había llegado. Pero Anna tenía una especie de familia con sus tres perros y todos vivían en una casa cómoda con un patio impecable.

Me senté en la mesa de su cocina, con la luz del noroeste entrando a principios de julio. Por sus ventanas hay paisajes panorámicos del Océano Pacífico en Friday Harbor. Las Islas San Juan eran una cadena montañosa antes de la gran inundación alrededor de 10,000 AC y ahora son más de 700 pequeñas Islas. Pero era hora de enfocarme en mi cliente … eché un vistazo a mi papel de dibujo y lápiz.

Expliqué que en las consultas intuitivas, encontrar a una persona "enérgicamente" era esencial antes de poder continuar con cualquier otra cosa. Le pedí a Anna que repitiera su nombre tres veces y luego la localicé en el "lugar atemporal" de mi mente. Su campo de energía era fuerte pero delicado, envolviendo hacia al cielo, con un ancho cordón descendiendo de regreso a la Tierra. Sabía que esto representaba la conexión vital de Anna con la naturaleza y significaba que ella era más fuerte de lo que creía. También confirmé la afinidad instantánea entre nosotros que había sentido al conocerla y eso hizo que fuera más fácil sentir su energía.

Cerré los ojos y entoné mi oración de invocación regular: "Rodeándome con la luz blanca dorada de la conciencia Crística, invocando a Madre-Padre Dios, Gran Espíritu y

Creador de todas las cosas, les pido a los arcángeles Uriel, Rafael, Miguel y Gabriel, las cuatro direcciones, nuestro Ser Superior Dios-Ser y guías espirituales para que estén presentes." Luego pedí que se me brindara la información más alta y pura del reino canino, para que la recibiera y para que la cliente la escuchara. Le agradecí al Gran Espíritu por el don de segunda vista y por la oportunidad de estar al servicio. Luego pedí que el ego de la personalidad se hiciera a un lado y no interfiera, ya que mi ego-mente puede ser bastante inteligente. Siempre envío cualquier cosa negativa "a la luz" y me protejo completa y enteramente; nada más que la luz está permitida aquí. Me imagino una luz blanca que me rodea, una raíz que crece en el suelo y mi "chakra de la coronilla" en la parte superior de la cabeza, abriéndose al Creador. He tomado fragmentos de otras oraciones e inspiraciones para crear esta oración y funciona para mí. Es orgánica y cambia, de hecho, ha evolucionado durante los 20 años que he estado haciendo sesiones intuitivas.

Había meditado durante apróximadamente una hora antes de su cita, usando técnicas básicas de limpieza mental. Me enfoco en mi aliento, notando el movimiento de mi cuerpo con cada inhalación y reconozco una energía eléctrica que viaja arriba y abajo de mi columna vertebral. Para elevar mi conciencia, permito que pensamientos amorosos llenen mi mente hasta que me sienta segura y expansiva. Luego imagino mi corazón conectado a todos los seres vivos, creando una red luminosa de luz: una vez que he alcanzado un nivel emocional cálido y un estado de ánimo superior, puedo acceder más fácilmente a la información psíquica.

Dibujando el chakra del corazón de Anna en el papel de dibujo frente a mí, vi que la luz de su chakra se desviaba hacia la derecha, daba vueltas alrededor, luego volvía a su pecho. Podría decir que Anna estaba sufriendo. Una representación apareció en mi papel. Primero vi la energía de Anna y luego la de Max, su perro. La información estaba llegando rápidamente.

Anna amaba profundamente a su perro. La muerte de Max le había roto el corazón y estaba sufriendo mucho. Aunque los detalles de la muerte de Max no estaban completos, la pérdida de su compañero de cuatro patas fue brutalmente real. Me tomé un momento para abrir mi propio corazón en compasión por la pérdida de Anna, porque a veces la frecuencia de la pena es intensa.

—Anna, recibí algunas impresiones de Max antes de que llegaras que se mezclan con algunas imágenes adicionales. Por favor, avísame si lo que estoy describiendo es exacto.

Le expliqué que era importante establecer algunos detalles para mi propia edificación, para asegurarme de que, de hecho, estaba comunicándome con Max el perro. Es bastante fácil decir: "Tu perro te ama y lo volverás a ver." pero es una cuestión completamente diferente presentar hechos innegables que están más allá del ámbito de conocimiento cotidiano.

Mi impresión intuitiva de Max era la de un perro brillante, obediente, leal y que meneaba su cola felizmente. Él fue bastante claro para mí. Aparecieron dos perros más, en mi imaginación, uno con el pelo largo y otro perro más pequeño. Sentí una fuerte presión en el lado izquierdo de la cabeza y la pata izquierda de Max. Mi lápiz 6B dibujó rápidamente. Había mucho que contarle a Anna y me sentí optimista de que el espíritu de Max y yo pudiéramos ayudarla.

2017 © JANE DE FOREST

MAX VUELVE

—Siento presión en el lado izquierdo de su cuerpo y en su cabeza y patas, también. Tengo una sensación de hormigón o metal. Un automóvil puede haberlo golpeado, pero pase lo que pase, seguramente hubo un impacto terrible. Cuando entro en su mente, siento que es difícil para Max levantar la cabeza … puede estar fracturada —le dije.

Anna se quedó boquiabierta y luego se sintió abrumada por la emoción. —Sí, eso es absolutamente exacto. Algo lo golpeó en el lado izquierdo de su cuerpo. Tenía tres costillas rotas en la izquierda y posiblemente una fractura de cráneo. Murió por sus heridas, pero es un misterio cómo ocurrió esto. ¿Ves algo? Tengo que saber, me está devorando por dentro. Me siento enferma por eso —dijo con lágrimas en los ojos.

Ví a un hombre mayor, tal vez en sus cincuenta, con cabello oscuro salpicado de blanco. Sentí que este hombre vivía cerca de Anna. Sentí una energía oscura, baja y espesa y vi un feo color rojizo. Sentí violencia … luego la energía se sintió fría, como el acero.

Hmm, no me gusta mucho este lugar. Se siente terrible en realidad: oscuro, sucio y con olor a drogas.

Rápidamente me alejé de la cercanía psíquica próxima a la conciencia y energía de esta persona. Había poco que redimir sobre este hombre, e "infernal" era la sensación de su espacio físico y mental. Francamente, me sentí como en algunos lugares infernales que he encontrado aquí en la Tierra. Entonces sentí una presencia más fuerte del perro. La calidez y la inteligencia del espíritu de este difunto canino me envolvieron.

Los perros tienen una cualidad cálida y afectuosa, similar a los humanos. Son amables, abiertos, generosos, inteligentes y aceptadores (en su mayor parte, es decir, mientras el perro no haya sido maltratado). Max estaba vinculado a su dueña y pude ver una conexión palpable entre ellos en forma de un grueso cordón luminoso. Sospeché que estos dos habían estado juntos en vidas anteriores.

Las imágenes y la información no lineal inundaron mi conciencia en el doble de tiempo. Resoné con un sentido de responsabilidad y preocupación que no se sentía humano. Llegué a la conclusión de que el espíritu del perro expresaba su genuina preocupación por Anna. Luego, sentí una barrera clara, como una pared de vidrio templado entre la malvada y nefasta energía del "hombre malo" y la mía.

Sabía que Max estaba tratando de decirme algo. Percibí cierta cantidad de temor al acercarme y me pregunté si era una advertencia. La conciencia de que cualquier acción no llegaría a buen fin me detuvo por un minuto.

¿Fue ésta una instrucción para mantener mi distancia? ¡Ahora era mi turno de asombrarme! ¿Podría ser éste el espíritu del perro que advierte a su humano, Anna, en el mundo físico? ¿Puede pasar ésto? ¿Son los perros tan inteligentes?

Mis pelos se erizaron, una inquietud se acumuló en mi estómago y corrió por mi cuerpo, enviando un pulso electromagnético disparándose por mi espina dorsal. ¡El evento realmente se sintió como un asesinato! Ahora entendí que el perro Max había muerto de las heridas probablemente infligidas por el hombre "malo" con pelo salpicado de blanco.

Estaba relativamente segura de que Max intentaba decirle a Anna que no intentara descubrir quién lo había matado. El aconsejaba a Anna que no se involucrara en la "historia de quién lo había lastimado/asesinado", mostrándome en imágenes que no debería ingresar en la historia tóxica del "hombre malo." Perseguir la retribución ciertamente resultaría en amargura en el mejor de los casos e incluso pondría a Anna en peligro en el peor de los casos.

Bueno, eso es realmente sorprendente, pensé. Un perro que le daba consejos a su antigua dueña — parecía más allá del ámbito de la posibilidad. Pero la verdad del asunto era que estaba sentada en mi oficina, comunicándome con el espíritu de un perro y traduciendo un mensaje canino a su despojada y asombrada dueña humana.

Amo lo que hago

Anna me dijo que la distinguida anciana de al lado se había mudado a una residencia asistida, dejando la casa a sus parientes descarriados. En poco tiempo, el encantador bungalow se había transformado en una casa de metanfetamina, habitada por una variedad de adictos y transeuntes. Efectivamente, Anna ya había sospechado que sus vecinos podrían haber estado involucrados de alguna manera en la muerte de Max, pero no tenía forma de saber … éso fue hasta nuestra visita. Anna había llamado a la policía cuando las cosas se pusieron demasiado ruidosas. Existía la posibilidad de que el "hombre malo" hiriera a Max en represalia por varias quejas que ella había hecho a la policía.

—Anna, tan notable como parece, tu perro parece aconsejarte que sigas adelante, algo así como, 'No toques ésto con un palo de diez metros.' Tengo la fuerte impresión de que cualquier acción sólo te causará más problemas y resentimiento, si no te pone en una situación aún más peligrosa. Nada de lo que puedas hacer les dará una lección a los perpetradores de este crimen, así que supongo que tendrán que esperar su propio karma. Te aseguro que nadie escapa a la ley del karma, independientemente de lo que percibamos.

—Tienes razón Jane, ese es un buen consejo. También me

encanta que sea de Max. Aprendí a dejar ir la mayoría de las cosas en mi vida. Ya no albergo resentimiento. Demasiado de mi vida se desperdiciaba en esos sentimientos e hice mucha terapia y trabajo interno.

Eso tenía sentido para mí, porque cuando miraba su campo de energía, era sorprendentemente brillante y su energía vital estaba en plena vigencia.

Según mi experiencia, las personas que eligen dejar ir las cosas, que perdonan y siguen adelante, tienen una fuerza de vida mucho más saludable, o energía *chi*. Anna era un ejemplo perfecto de cómo el hacer su propio trabajo personal y el mantener una actitud positiva tiene un efecto en el "ahora" de una persona y también tiene un impacto en el futuro; cómo el muy real "clima" energético creado por nuestros pensamientos a su vez afecta la atmósfera general del mundo material que nos rodea. Lo que creo que ví con Anna y lo que a menudo veo, son los mecanismos de la idea de que *creamos nuestra propia realidad*.

—Recibí una impresión de gratitud de Max y de cómo se sentía al ser adorado. Ahora me está hablando de otros dos perros, uno con el pelo largo y otro que es más pequeño que él —dije, cambiando el tema, volviendo a centrarme en Max.

—¿Qué está diciendo sobre ellos?" ella preguntó, descansando su delicado brazo y persistiendo. "Ah, por cierto, tengo otros dos perros. Una es una mezcla fornida que es bastante peluda, y la otra es más pequeña que Max. Tienes razón.

—Max sólo me está dando una consciencia de estos perros, nada más," le dije, con total naturalidad. "Aprendí que mi precisión es mayor si no saco conclusiones y sólo informo lo que leo intuitivamente.

Anna parecía un poco decepcionada.

—Pero Max está volviendo a la idea de la gratitud y diciéndome cuánto te aprecia y cómo realmente amaba que lo abrazaras. Podía sentir tu amor y estaba dedicado a tí. Max realmente aprecia lo amable que eras con él.

Anna realmente había amado a este animal y la criatura lo había entendido. Curiosamente, Max fue lo suficientemente inteligente como para sentir gratitud y expresarlo.

Me tomé un momento para respirar y permitir que el silencio definiera nuestro espacio. Una antigua práctica de respiración llamada kundalini del pasado polvoriento del Valle Indú es mi herramienta favorita para "volver a mi centro." Seguí mi respiración desde la parte inferior de la columna vertebral hasta la parte superior de mi cabeza, pero mi parte izquierda del cerebro buscó en vano un poquito más de información. Así que en lugar de seguir, me hice consciente de mi respiración. Al observar mi aliento sin juicio, dejé de intentarlo y me permití simplemente "ser." Entonces sentí algo contra mí — presión en la pierna y la conciencia de la energía de Max.

¿Estaba apoyado en mí?

—Estoy bastante segura de que Max me está mostrando que le gustaba apoyarse en ti. ¿Solía apoyarse en ti y luego mirarte con una mirada rara en su rostro? —pregunté, viendo al perro en mi mente mientras me miraba con una expresión extraña.

—¡Sí, Jane, Max era un perro que se apoyaba en mi pierna! Eso es absolutamente correcto. La mayoría de lo que has dicho es exacto —ella parecía completamente estupefacta. Max, por otro lado, parecía bastante satisfecho consigo mismo, mientras sacaba pecho.

Sonreí. Me sentí como el Dr. Doolittle.

Para entonces, Anna había dejado de probarme y estaba convencida de que no estaba inventando todo ésto. Las lágrimas brotaron en sus grandes ojos azules y su rímel manchó sus mejillas. La realidad comenzaba a palparse: Max estaba bien. Simplemente ya no estaba donde ella pudiera abrazarlo.

—Me da la impresión de que te ha visitado. ¿Lo has sentido apoyado en tí? Podría estar intentando hacerte saber que te ha visitado o que podría visitarte en el futuro ... no estoy segura.

MAX RECIBE UN ABRAZO DE SU HUMANO

Los ojos de Anna se agrandaron. La semana anterior, ella compartió, había abierto espontáneamente la puerta trasera para dejar salir a los perros, pero no habían pasado corriendo junto a ella al patio trasero. Lo más extraño fue que no había perros a sus pies. Sin razón aparente, sintió una presión y calor en la pierna. Sin embargo, los otros dos perros estaban acurrucados en la sala de estar y además, no eran apoyadores. Fue Max quien solía apoyarse en su pierna cuando quería salir.

Recibí una última impresión de Max y cuando comenzó a desvanecerse, sentí la conciencia de su cuerpo dañado. Pero no sentí dolor en él y observé que su espíritu se desprendía de su cuerpo físico. Luego vi su cuerpo derritiéndose en el suelo dentro de un gran círculo y el círculo se convirtió en un Ouroboros, el antiguo símbolo de una serpiente mordiéndose la cola. Una conciencia del Ciclo de la Vida se precipitó en mi mente. Luego vi la densidad del espíritu de Max y una interconexión con el alma de Anna y me di cuenta de lo que significaba esta imagen: era un guía-animal guardián o guía animal que había reencarnado con ella muchas veces.

Un pequeño perrito marrón y blanco apareció en mi cabeza y pude sentir el suave pelaje entre mis dedos. Dibujé un segmento de línea y lo marqué en secciones, que es mi protocolo para medir el tiempo lineal; la línea de tiempo demarcada se iluminó entre diez y quince años. La comunicación final de Max llegó a mí en la forma de pensamiento de una esfera, algo así como una bola de hilo. Lo desenredé.

—Bien, Anna, esto es un poco de descarga. Siento que Max era un perro espiritual. Los animales espirituales son guías y ayudantes para nosotros y éste ha reencarnado contigo muchas veces. Tienes una conexión con él, a diferencia de cualquier animal anterior y ésta es probablemente la razón. Me está indicando que no sintió dolor cuando dejó su cuerpo y murió. —Anna pareció aliviada. —También me está mostrando una idea que le gustaría compartir contigo. Está tratando de comunicarte la importancia de la idea de que la muerte es parte del Ciclo de la Vida. Veo el antiguo símbolo de una serpiente mordiendo su cola, que simboliza que la vida y la muerte son parte de la misma cadena. Recuerdo que dijiste que volverías a la escuela para estudiar sobre los océanos y esto podría estar relacionado. —Noté que habíamos llegado al punto en la sesión en la que los ojos de las personas se nublan y no pueden absorber mucho más.

—Bueno, sé que esto suena increíble, pero ésto es lo que estoy recibiendo: puede haber un plan mayor aquí. Max puede ser un mensajero para enseñarte y guiarte. No es raro que los animales hagan ésto. Esta puede ser la razón por la cual Max eligió esta vida para enseñarte una lección importante para ayudarte en tu camino, tanto espiritual como profesionalmente. Esta experiencia ha profundizado el conocimiento de tu alma y tienes que agradecer a Max por su importante y sabia enseñanza. Los animales son a menudo algunos de nuestros maestros más importantes, si podemos abrir nuestros corazones. —Tomé aliento.

—La última impresión que recibí fue de un cachorro. La línea de tiempo fue apróximadamente de doce años, más o menos, más adelante. No puedo predecir el futuro, pero puedo ver el potencial. Esto podría significar que Max reencarna como un cachorro o posiblemente que él está guiando un perro especial; pero de cualquier manera se siente muy positivo.

Sin duda había sido una hora emocionante charlando con el perro, pero se necesita mucha energía psíquica para mantener el nivel requerido para comunicarse con el otro lado. Estaba empezando a cerrarme.

—¿Alguna pregunta más?

—Sí, Jane. ¿Qué ves sobre mi vida?

—Anna, quiero decir que eres extremadamente fuerte y veo tu imagen sosteniendo la Tierra. Tu actitud positiva te está ayudando de todas las formas posibles. Veo que anhelas niños, pero creo que vendrán a tí de una manera que no es a través de tu cuerpo. También veo el potencial de algo de energía masculina. Hay un hombre guapo que te mira por el rabillo del ojo.

—En realidad, hay un hombre en el trabajo que siempre me ha gustado y que se está divorciando. ¿Podría ser ese el nuevo hombre? —Anna dijo animada.

—Veo que ustedes dos ya están familiarizados y se han estado admirando. Por favor mantenme al tanto.

Firmé mi nombre y le di mi dibujo; nuestra sesión había durado más o menos una hora y era tiempo de terminar. Había más para decir, pero tendríamos que dejar eso para otro momento.

Me dirigí a la ciudad de Friday Harbor y pasé por las pintorescas calles y tiendas encantadas. Estaba deseando ir a mi excursión en kayak más tarde y esperaba ver algunas ballenas más. Durante el viaje en nuestro pequeño hidroavión, una manada de Orcas en blanco y negro aparecieron cristalinas en la bahía. Anna tenía todo lo que necesitaba dentro de ella para vivir bien su vida. Me dio la esperanza de que nuestro planeta tuviera otra alma hermosa para magnificar la luz.

Alrededor de un año después, Anna llamó a contarme que estaba saliendo con alguien especial, pero que aún no había aparecido ningún cachorro en el horizonte hasta el momento.

UNA CARTA DE ANA

"CUANDO UN AMIGO ME REMITIÓ A JANE, *no sabía qué esperar, pero como estaba en un estado de dolor tan profundo estaba dispuesta a intentar cualquier cosa. Me cayó bien desde el momento en que la conocí y me sorprendió que Jane pudiera contarme información detallada sobre las lesiones de Max. Este era el tipo de información que sólo podría haber obtenido si hubiera leído los resultados de la necropsia luego de su muerte. Mi sesión con Jane me dio paz y un camino a seguir, algo que hubiera sido difícil encontrar sin su ayuda.*

El dibujo que Jane hizo para mí en la consulta intutiva, he guardado y atesorado. Ella dibujó una silueta y el retrato frontal de un perro. Nunca pensé que el retrato del perro se pareciera a Max, porque la cara era demasiado estrecha y las orejas demasiado largas. Sin embargo, siempre pensé que la silueta se parecía mucho a Max. No fue hasta hace aproximadamente un mes que lo volví a ver y me di cuenta de que el perro de la foto se parece a Oliver, mi nuevo perro, con una silueta de Max mirándonos."

Anna

GUIAS ANIMALES, TAMBIÉN CONOCIDOS COMO animales espirituales o tótems, han estado ayudando a los humanos durante milenios. De la memoria polvorienta de un pasado lejano, nuestros antepasados han estado llamando y atrayendo al espíritu guardián de los animales salvajes usando piel, dientes y plumas. Creando arte, haciendo ofrendas y bailando era la manera de aumentar el poder personal al invitar a los atributos de un animal específico.

El comportamiento animal proporcionó información crucial para ubicar los mejores sitios de caza, permitiendo la supervivencia de la tribu. A menudo esta información fue comunicada telepáticamente, algo que permitió nuestra evolución continua durante más 200,000 años.

En nuestra cultura moderna vemos a los animales como cosas autónomas, como especies o como seres con una etiqueta científica. Hace sólo relativamente poco tiempo, en términos evolutivos, que los seres humanos han concebido a los animales como cautivos domesticados.

Los antiguos tenían una visión diferente del mundo animal y hay muchas culturas indígenas que todavía mantienen vivas las antiguas tradiciones en la actualidad. Creían que los animales eran mensajeros del mundo de los espíritus. Los pájaros a menudo significaban la manifestación del Espíritu Santo a los Cristianos en la forma de una paloma blanca o Gran Espíritu (Dios); para los indígenas americanos, este espíritu vino como un águila.

En muchas culturas, los animales son proféticos de eventos inminentes, como los búhos blancos en la serie de Harry Potter. Una de mis comunicaciones personales favoritas con mi abuelo poco después de su muerte llegó como tres grandes búhos cornudos con orejas distintivas y una envergadura de cinco pies.

El primero estaba posado en una farola la mañana en que mi abuelo Abby murió. El otro encuentro fue durante un retiro silencioso de cinco días en un tranquilo centro de meditación, no mucho después de su viaje de vuelta al cielo.

Después de un día de lucha con mi "mente parlanchina" en mi almohadón de meditación, fui a caminar sola entre los árboles de los alrededores. El sol acababa de ponerse y el viejo bosque estaba cubierto de helechos. El suave camino me estaba llevando hacia lugares más profundos cuando escuché el inquietante chillido de un búho. El eco envió un pulso electromagnético por mi espina dorsal y me estremecí — éste no era un búho ordinario. En ese momento sentí la presencia de mi abuelo.

ENERGÍA DE UN ÁRBOL PEQUEÑO

Sí, es él, ¡es mi abuelo!

Pero la duda comenzó a establecerse.

En poco tiempo, el aire se movió cuando el búho aterrizó en una rama justo enfrente de mí. Miré al gran pájaro y él me miró a mí. Con cierta vacilación le pregunté a la lechuza, en un inglés sencillo, si era Abby. El enorme búho blanco y marrón me chilló directamente.

Tal vez no era Abby. Tal vez lo estaba imaginando y todo era una ilusión.

Al levantar la vista hacia sus penetrantes ojos amarillos, dije en voz alta, que si de hecho Abby tenía el control del pájaro, él debería hacerlo asentir con la cabeza. Increíblemente, la lechuza hizo un extraño gesto de bajar el cuello varias veces hacia abajo. ¡Sí! ¡Un movimiento de cabeza!

Un escalofrío en mi espina dorsal ahora me envolvía con una sensación física y cada pelo de mi cuerpo parecía estar alerta. El puma y el oso negro no eran poco comunes ahí y el bosque se estaba oscureciendo rápidamente. Sin embargo, me sentí extrañamente tranquila.

Me quedé vibrando en silencio.

Este ciertamente fue el espíritu de mi abuelo, volviendo y siendo tan obvio que no podía perderme las señales.

Luego volvieron a surgir las dudas y me sentí un poco extraña, como si hubiera terminado inadvertidamente en una actuación por Monty Python, un grupo cómico inglés.

El pájaro me ignoró y se paró con los dos pies sujetos a la rama. Pero la conexión entre este gran pájaro salvaje y yo era tangible. Sabía que era algo más que un simple avistamiento de fauna de John James Audubon, el naturalista estadounidense. Otro gran búho cornudo pronto se unió al otro, aterrizando en una rama de abeto Douglas cercana y luego volaron juntos. Mis pensamientos vagaron hacia la esposa de Abby, mi abuela; y me imaginé a los dos juntos en el cielo.

Cuando investigué al búho, las sincronías continuaron. "Búho-tigre" es otro nombre para el gran búho cornudo.

El sobrenombre de mi abuela era "Tigre."

En los últimos años de su vida, Abby y yo tuvimos una conversación importante. Estuvimos de acuerdo en que él me enviaría una señal de que había llegado a Casa y que realmente había un cielo. Esa señal había venido en forma de un búho.

Aquí está su elogio que escribí hace poco:

MUERTE / RENACIMIENTO – EN ESTA VIDA Y MÁS ALLÁ
EN HONOR A MI ABUELO, ABBY IMBERMAN, 7 JUNIO, 1911 - 18 FEBRERO, 2009.

ABBY NO ESTÁ NI CERCA DE DESAPARECER, él está con nosotros mientras leemos esto. Su verdadera naturaleza, esa parte de él que es eterna, auténtica, parte de lo Divino, está aquí con nosotros. Él también está en su Hogar: los ángeles lo han llevado a un lugar mejor con Dios, su familia y muchos amigos. Lo veremos de nuevo.

Muchos de los que amamos han fallecido, "muerto" antes que nosotros: nuestra familia, nuestros antepasdos, la familia del hombre. Están bien, saludables y vibrantes en su nueva forma, su identidad auténtica. La vida continúa sin interrupción. Hay mucha esperanza y fortaleza para derivar del conocimiento de que nada puede realmente morir.

Venir a la Tierra es como ir de viaje: nos ponemos nuestro cuerpo terrenal, empacamos nuestras maletas y viajamos por el terreno variado de una vida. Metafóricamente, hay hermosos prados llenos de las flores más exquisitas ... y también hay enormes rocas en el camino que parecen insuperables. A veces el viaje de la vida es muy corto y a veces dura muchos años. Pero cuando el ser verdadero sale de sus vestimentas terrenales, se va a Casa ... nos vamos a Casa, nuestro Hogar. Como regresar de un largo viaje, es muy maravilloso estar en nuestro propio hogar, en nuestra propia cama; entonces el "morir" (como lo llamamos) es regresar a Casa. El renacimiento, lo que realmente somos, nunca morirá; lo que muere son sólo aquellos aspectos que son ilusiones. Como una oruga atada a la tierra avanzando laboriosamente a lo largo de una rama para encontrar el lugar correcto: prepara una protuberancia, se cuelga boca abajo y crea un espacio para morir a lo que era, para abandonar todo lo que sabía que era "verdadero", deja el viejo camino ... se está preparando para su transformación. Una vez protegida, deja atrás todos los restos de oruga ... se transforma. De lo que fue, surge un ser completamente diferente en materia física, pero el mismo espíritu.

"El corazón sabe mil maneras de hablar."
RUMI

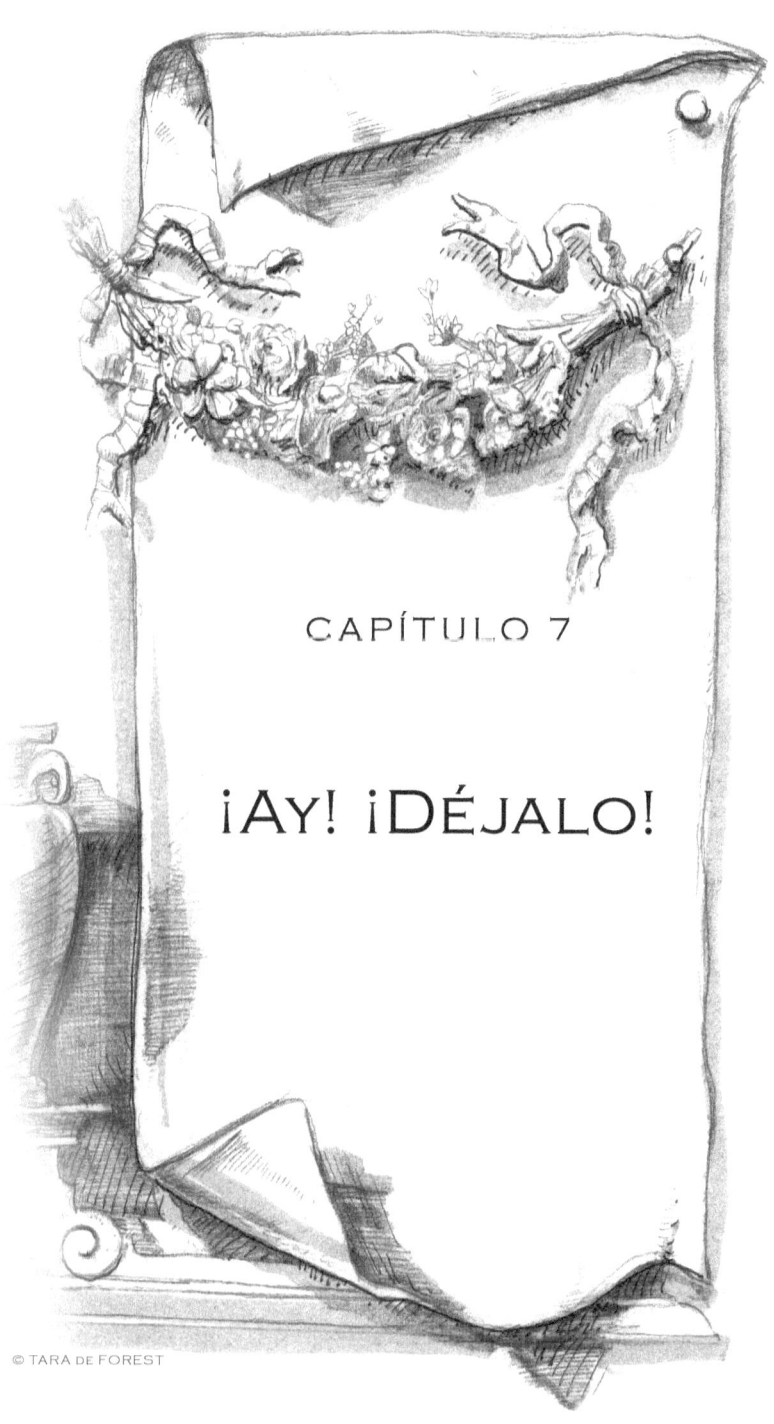

CAPÍTULO 7

¡AY! ¡DÉJALO!

¡Ay! ¡Déjalo!

Estoy profundamente agradecida con Pixie por permitirme contar su historia. Todos los nombres, ubicaciones y detalles son objetivos.

"El miedo es el camino hacia el lado oscuro.
El miedo lleva a la ira.
La ira conduce al odio. El odio lleva al sufrimiento."

YODA

"¡POR DIOS!" DI UN GRITO AHOGADO, cubriendo mis partes privadas.

No estoy totalmente desacostumbrada a los espíritus visitantes en mi ducha, pero cuando sucede, es un poco discordante. Por supuesto, mi atuendo, o la falta de él, no era de interés para mi invitado no invitado. Tenía una sesión intuitiva de las 10:00 a.m. reservada más tarde esa mañana para una mujer llamada Pixie, una viuda que había perdido a su marido por cáncer unos ocho años antes. Supuse que era el marido de Pixie, pero no estaba segura. Él estaba saltando arriba y abajo en mi ducha, y pensé que debía tener algo importante que decir. Estaba ansioso, eso parecía claro. Normalmente necesito alrededor de diez minutos para ingresar a la zona, centrarme y decir una oración de invocación. Un mensaje claro del otro lado, especialmente en mi estado actual, estaba fuera de discusión.

NOTA: A veces obtengo impresiones espontáneamente, escucho palabras o veo espíritus, pero no es común. Aunque puedo sentir estados de ánimo extremos o sentir una energía potente, trato de no captar los campos de energía de las personas. Permitir que mi núcleo intuitivo se abra tiene una serie de desafíos. Por ejemplo en una visita a la tienda, podía sentir el dolor, la confusión, la preocupación, etc. del público en general y eso solía hacerme sentir un poco enferma. La sensación de alegría parece ser mucho menos común en las personas, al menos en los EE. UU.

Finalmente, descubrí que los buenos límites y la protección eran obligatorios, por lo que estoy con el "negocio cerrado" … a menos que conscientemente lo abra. La protección y el bloqueo de la información entrante son tan importantes como la apertura a los mensajes.

Mientras estaba sentada con Pixie LaPlant — sí, su verdadero nombre — nos pusimos cómodas en mi gran sofá. Miré por la ventana cuando un halcón pasó volando. *Mensajero*, pensé. Me pregunté si esa señal significaba que sería una sesión importante y resultó que sí, sería una de mis favoritas. Si bien disfruté de los detalles específicos que encajaban bien, especialmente me encantó cómo la sesión finalmente amplió mi comprensión del inmenso poder que todos tenemos.

El halcón es un símbolo importante; es considerado el mensajero del mundo espiritual. El significado del halcón es: la visión interna clara y el despertar la conciencia espiritual. Ese mensaje simbólico resultó ser muy profético.

—Por favor —me dije en voz baja, —déjame servir de la mejor y más pura manera. —Luego seguí esto con mi oración de invocación estándar.

Una mujer en sus últimos cincuentas, Pixie tenía ojos sabios que brillaban en una cara amable. Su apodo es una descripción bastante precisa de su verdadera esencia. Ella posee la calidad de un hada mágica y un anciano sabio, todos envueltos juntos. Una persona encantadora y mágica, es alguien que se emociona ante cosas que la mayoría de los adultos ni siquiera ven. Adorada por niños y animales, su alegría de vivir trae alegría a la mayoría de quienes la conocen. Sin embargo, la vida ha sido difícil para Pixie. Si bien tiene desafíos familiares, problemas constantes de dinero y otras demandas de vida, no ha disminuido su luz, a pesar de que estas pruebas le han cobrado su precio.

Conocí a Pixie en una clase a través de un programa local de educación continua que ella estaba enseñando. Cuando entré al aula virtual, no tenía idea de que estaba a punto de conocer a una Maestra espiritual tan importante. Pixie sabía sobre el antiguo arte de hacer medicina a partir de las raíces y las hojas de las plantas y los árboles. La cornucopia de alimentos silvestres en el bosque es su pasión y área de especialización. Ella es respetuosa con la Madre Naturaleza, junto con el compostaje, el reciclaje y siempre agradece a las plantas por sus medicamentos y alimentos antes de la cosecha. A cambio, la

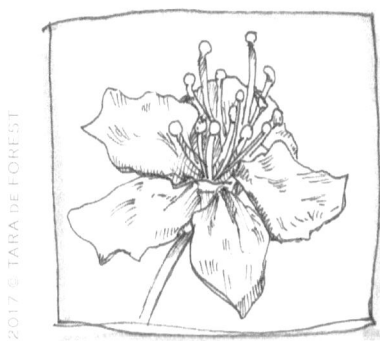

Madre Tierra gentilmente le revela sus secretos y generosamente proporciona alimentos y medicinas para Pixie.

Nos acomodamos en la lectura y cerré los ojos y dije mi oración de invocación y escaneé el cuerpo de Pixie con mi mente. Simbólicamente, vi sus brazos y piernas cortadas, su campo de fuerza estaba limitado y su energía bloqueada. Sentí que la muerte de su esposo había sido una tragedia de la que aún no se había recuperado. Un gran bloqueo alrededor de su chakra del corazón tenía una energía gris y turbia con una masa opaca solidificada que inhibía el flujo de energía de la fuerza vital. Hay diferentes nombres para esta misma fuerza de energía en varias culturas: prana, *chi*, gracia. (La ciencia moderna ahora reconoce esta fuerza vital como energía electromagnética y es un tema fascinante).

Vi más de lo que acabo de mencionar, pero guardé la información para mí, ya que intuía que Pixie era bastante frágil y que la información debía manejarse con delicadeza. Procedí cautelosamente, una tarea difícil, pero a veces, si la verdad se revela atolondradamente, puede inhibir la curación y causar más daño. En este caso, podría lastimar más que ayudar.

—Veo un bloqueo y siento que está conectado a un corazón roto. También hay muchas emociones negativas. Te quitan parte de lo que eres y te desconectas de la vida. ¿Tiene sentido?

—Sí. —Pixie me ofreció una débil sonrisa.

—Las nubes de tormenta en tu corazón por la pérdida de tu esposo Jim, son más de lo que vería en una herida normal.

Creamos nuestro propio clima y puedo verlo alrededor de las personas. Los sentimientos fuertes, combinados con pensamientos intensos crean un clima poderoso, bueno o malo y eso a su vez afecta lo que atraemos hacia nosotros mismos. Antes de que pudiera investigar más, Jim hizo otra aparición. Afortunadamente, esta vez yo estaba apropiadamente vestida. En verdad, irrumpió. Aún no había abierto la puerta del otro lado, pero allí estaba, o alguien estaba, de todos modos. Pude sentir la densidad de un espíritu y sentir un fuerte enfoque. La energía de este ser era enérgica y nerviosa, con una doble dosis de amor y afecto.

—Hay alguien aquí que se presentó antes —le dije, recordando que esa mañana se anunciaba en la ducha. —¿Fue Jim, eh, una persona muy enérgica? —le pregunté lo más cuidadosamente que pude.

—Podrías decir eso —ofreció Pixie con una sonrisa. —Él era el alma de la fiesta y siempre me hacía reír. Yo lo extraño mucho.

—Mi corazón está contigo —le dije, sabiendo que ella lo amaba profundamente. Me llené de compasión. Ella me había contado que se había comprometido a los catorce años y que habían estado casados durante casi cuarenta años. La vida parece tan injusta a veces, pero también sé que la vida realmente tiene sentido desde un punto de vista más alto. Con el entendimiento de que estamos en una especie de escuela, las aparentes injusticias son más aceptables. Creo que estamos aquí para aprender ciertas lecciones que nos ayudarán a progresar en nuestro camino espiritual y que estamos aquí para aprender lecciones que incluyen amor incondicional, compasión, perdón, etc. Al igual que en un juego de mesa, pasamos de un cuadrado al próximo cuadrado y así continúa hasta que lleguemos al final del juego.

Estaba bastante segura de estar mirando a Jim. "Si vienes de la luz de Cristo puedes quedarte." empezó mi interrogatorio. "Por favor dime algo que no podría haber sabido previamente, algo que Pixie entenderá."

Empecé a esbozar un diseño de una casa rectangular en mi papel de dibujo, con un rectángulo más pequeño en la esquina superior izquierda.

—Allá está la casa y en el extremo izquierdo, cuando entras por la puerta principal, hay una habitación. Cuando entras a esa habitación hay un tocador en la pared del fondo a la derecha —le reporté a ella, expresando lo que el espíritu masculino me dijo telepáticamente, mente a mente.

—En el tocador, hay pequeños discos y se sienten como de metal, en el segundo cajón hacia abajo. Están debajo de algunas prendas y son importantes para ti. ¿Tiene esto algún sentido? —pregunté con los ojos cerrados para mantener el enfoque.

—Eso no es correcto." Dijo Pixie.

Sentí un hoyo en mi estómago. *Wow, debo estar desconectada hoy día.* Eché otro vistazo a la visión y allí estaba otra vez: el mismo plano de la casa, la misma habitación, el mismo tocador, los mismos pequeños discos redondos de metal en el segundo cajón. *Hmmm.*

Ella amablemente me dijo: —Estás viendo el único tesoro familiar, mi colección de monedas. Papá me lo dejó a mí —dijo Pixie. —Está en la habitación de la izquierda de mi casa, la cómoda está en la pared del fondo; eso es exacto. Pero moví las monedas del segundo cajón al tercer cajón recientemente. Y, por cierto, la colección está debajo de la ropa.

UN DIEZ CENTAVOS MERCURIO DE LA COLECCIÓN DE MONEDAS DE PIXIE

Me encontré con su mirada mientras lágrimas brotaban de sus ojos. No hay forma de que pudiera haber sabido esa información. Esto confirmó que estábamos hablando con Jim, su difunto esposo. Él había sobrevivido a la muerte y aquí estaba él, teniendo una conversación con ella. ¿Podrían haber mejores noticias?

Esperé un momento para dejar que la realidad de la situación se asentara. En mi experiencia, he descubierto que es misericordioso dar espacio a una persona cuando se ha logrado la reunión con un ser querido. Estos pueden ser momentos cruciales que cambian la vida. Tengo que admitir que ésta es una de mis historias favoritas porque ejemplifica de una manera tan poderosa que el amor nunca muere. Su amor sobrevivió a la muerte y también lo hará el tuyo: esa es la mejor noticia que existe. Pero lo que Jim estaba a punto de enseñarme fue una de mis lecciones más importantes de la vida después de la muerte y fue todo menos encantador. ¡Fue aterrador!

Una vez que Pixie recuperó su compostura, continué. —Jim está sobre una rodilla con la cabeza colgando, suplicando tu perdón. Asumo que sabes de qué se trata eso —dije.

—Hubo algunas cosas, pero lo más importante fue que Jim rompió el trato que acordamos. Íbamos a terminar nuestra vida juntos y ser dos vejestorios en mecedoras. Pero se fue antes y estoy muy enojada —explicó Pixie.

Me maravillé de la escena que había visto tantas veces antes, cuando los espíritus de los difuntos tratan de enmendar el comportamiento pasado durante su tiempo en la Tierra. Me parece que es mucho mejor limpiar nuestros errores mientras todavía estamos vivos, si podemos. Es MUCHO más difícil reparar las cosas una vez que tenemos que transmitir nuestro mensaje a través del velo.

Yo continué. —Me muestra una imagen de sí mismo con muchas dagas pequeñas o pequeños cuchillos que sobresalen de él.
—*Hmmm, ¿qué es esto?* pensé. —Ya veo ... él está sangrando.
—¿Alguna idea de por qué?

No estaba segura de lo que estaba mirando en mi mente, pero vi algo como un charco de sangre acumularse a sus pies. Esta fue una sesión sangrienta. Si bien no me interesaba demasiado en ese momento, Jim ciertamente tenía toda mi atención.

—No, para nada —dijo.

Tuvimos una pausa bastante larga e incómoda.

Finalmente pregunté: —¿Podría ser esto simbólico? En realidad no lo apuñalaste, supongo. ¿Lo estás apuñalando en tu mente?

—No, no lo apuñalé, pero, podrías decir que he estado apuñalando a Jim al hablar mal de él. Lo hago probablemente todos los días porque estoy bastante enojada con él —dijo.

—Él está diciendo que cometió un error de alguna manera; cometió un grave error. No es de mi incumbencia a menos que quieras compartir —dije. —Él está arrepentido y pide disculpas.

Una oleada de emoción profunda vino directamente hacia mí; el color era un rojo gris oscuro. Se sentía pesado y olía a remordimiento.

—¿Puedes perdonarlo? —le dije, repitiendo algo que seguramente pregunto a los clientes con frecuencia. —Ahora está siendo seriamente herido por tu falta de perdón y enojo hacia él. Tus pensamientos de profunda ira están impidiendo su progreso en el otro lado y lo están afectando negativamente —dije sin rodeos.
—El perdón es la clave, en mi opinión. Si puedes perdonarlo, te liberarás a ti misma y a él.

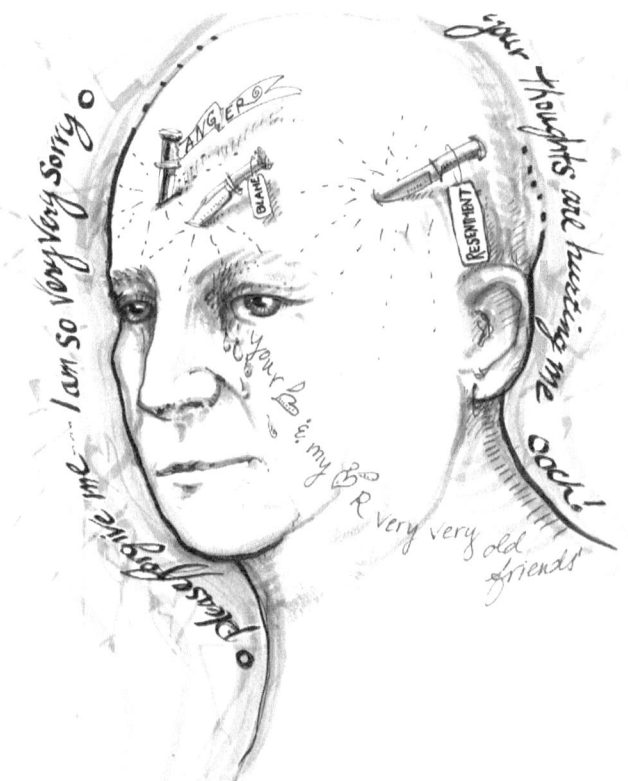

Pixie estalló en lágrimas y no la culpé. ¡Me di cuenta de que probablemente podría haberlo explicado mejor! De nuevo, había sido demasiado directa.

En efecto, ella estaba albergando una profunda ira y resentimiento. No dejó pasar más de un día sin expresar lo amargada que estaba por su audacia de romper su contrato terrenal. Ella dirigía energía negativa enfocada hacia él diariamente. La revelación de que los pensamientos trascienden el velo entre esta vida y la otra era algo nuevo para Pixie y para mí. No me había dado cuenta de que podíamos dañar a los espíritus del otro lado con tanta severidad. Ciertamente, si pudimos hacer *tanto daño*, imaginen el bien que podríamos hacer en realidad. Con intención enfocada, oración y amor, realmente estamos ayudando a nuestros seres queridos del otro lado.

En un abrir y cerrar de ojos, Pixie pudo darse cuenta del error en su pensamiento. Su autoconciencia le permitió tener una mirada honesta. Ella estaba dispuesta a cambiar cómo pensaba y yo podía verlo, en tiempo real. Su campo de energía ya no estaba truncado ni bloqueado. Simbólicamente, Pixie tenía brazos y piernas otra vez. Su campo era fluido con luz blanca, moviéndose libremente. El color era más claro y su chakra de la corona estaba abierto, que es nuestra conexión con el Espíritu.

Nuestros patrones de pensamiento son literalmente como un patrón o matriz tridimensional. Este campo es dinámico y cambia con nuestros pensamientos en tiempo real. Por ejemplo, la imagen tridimensional modelada producida por gratitud es maravillosamente intrincada, brillante y emite un sonido armonioso. La disposición tridimensional del odio es fea y dentada, de un rojo oscuro que emite una disonancia. Es como una matriz alrededor de la cabeza, pero conectada al cuerpo.

La revelación de que su difunto esposo, Jim, no se había "ido" realmente y que todavía estaba presente era lo suficientemente grande, pero además, la comprensión de que ella era lo suficientemente poderosa como para afectarlo negativamente del otro lado era mucha información para una mañana de miércoles.

De todos modos, su decisión de pensar de forma diferente e integrar esta nueva información la curó en un abrir y cerrar de ojos. Ella perdonó a Jim por irse temprano para volver a su Hogar en el cielo y por otras cosas que yo no conocía. Al hacerlo, ella cambió su futuro. Al cambiar su "ahora", el universo había abierto algunas puertas.

CINCO AÑOS DESPUÉS

LA VIDA DE PIXIE EMPEZÓ A MEJORAR. Salió de una mala racha y ahora está en un buen lugar y se ve radiante y compuesta. Su calidad efervescente trae alegría a la gente que la conoce.

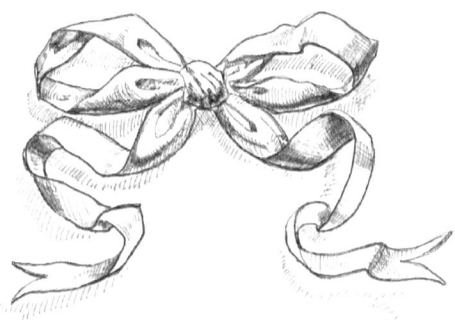

Lo más notable es el hecho de que ya no le teme a su propio poder porque "lo retomó." Su mantra habitual ahora es: "Gracias por todo lo que es perfecto, posible y mágico" y así es para ella. Pixie es una maravillosa inspiración.

De la nada, una noche sentí la necesidad de llamar a Pixie. Esto fue en el momento en que ella y algunos familiares y amigos estaban brindando en memoria de Jim. Él había muerto doce años antes ese mismo día. "Vi" a Jim celebrar con ellos y sabía que estaba disfrutando mucho de su fiesta. Mientras me enfocaba en su espíritu, él me hizo dos señales de paz.

—Por cierto, es posible que quieras servir otro vaso —le dije.
—Jim está contigo en tu celebración y lo está pasando muy bien. Está tratando de llamar mi atención con estos divertidos signos de paz en un ángulo de cuarenta y cinco grados. ¿Tiene algún sentido para ti? —pregunté.

—Me alegro de que esté realmente aquí —dijo Pixie. —Le gustaba mostrar señales de paz. Éramos hippies, tú sabes ... En los últimos días de Jim y justo después de su muerte, elegía una tarjeta de ángel de Tarot para ese día y, por supuesto, variaba, porque hay cincuenta y dos de ellos. ¡La única carta que saqué en esos días fue la de la PAZ!

El amor nunca muere.

UNA CARTA DE PIXIE

JIM Y YO HABÍAMOS ESTADO JUNTOS desde que yo tenía 14 años y él 15. Cuando murió a los 49 años, yo estaba herida, perdida y enojada. Vi a Jim aferrarse a la ira toda su vida. Él guardaba rencores. Y como sucede a menudo, le dio cáncer. Cuando mi amiga Jane dijo que podía invitarlo a hablar conmigo, estaba preocupada. Jim diría que puedo ser ingenua. Cuando Jane describió la colección de monedas y el extraño lugar donde solíamos esconderlo, sabía que ella no podía saberlo.

Jim quería decir que lo lamentaba. Como una rosa que se abre lentamente, sentí las capas de "lo siento" hundirme. A medida que la rosa se desplegaba, mi corazón comenzó a florecer. Sentí en el corazón cada cosa por la que se estaba disculpando y que yo le había pardonado, pero él no se había perdonado a sí mismo.

Sentí su corazón y el dolor que sintió cuando lo maldije por dejarme, rompiendo nuestro trato.

Mi proceso de curación se atascó en ira. Ahora que podía ver que estaba lastimándonos a los dos con mi enojo, elegí perdonarlo y dejar que mi corazón se abriera de nuevo. Terminé mis pasos de curación y recuperé mi poder personal con amor y de todo corazón.
Jane es una ayuda increíble para la curación en ambos lados del velo.

Pixie Linda Beatty
WASHOUGAL, WASHINGTON

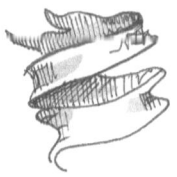

TINTURA "LARGA VIDA Y PROSPERIDAD"

Comenzamos a investigar las propiedades antitumorales y anticancerígenas orales que se encuentran en la naturaleza, lo que nos llevó a la Sociedad Micológica de Oregón, donde aprendimos sobre los hongos medicinales. La tintura de alcohol y el té es una forma antigua de extraer la medicina de las plantas y se ha usado durante más de 5000 años para el bienestar y el equilibrio en el Este. Te animo a investigar los estudios científicos modernos sobre estos hongos que han sido utilizados medicinalmente por milenios.

Mi investigador favorito es Paul Stamets, un micólogo estadounidense con un poderoso video TED sobre los efectos milagrosos de la seta de Cola de Pavo en el cáncer de su madre. Probablemente el mejor lugar para comenzar es La Sociedad Micológica Americana y por supuesto ... para tu propia protección, pregúntale a tu médico antes de consumir estas setas.

Los Hongos

Seta de Cola de Pavo
CORIOLUS VERSICOLOR / YUN ZHI

Esta humilde seta crece en la mayoría de los bosques del planeta. Cola de pavo es uno de los hongos medicinales mejor investigados y algunos estudios muestran que puede reducir los efectos secundarios de la radiación y el tratamiento de quimioterapia. Es un generador inmunológico y tiene propiedades antitumorales y anticancerígenas.

Seta Reishi
GANODERMA LUCIDUM / LING ZHI

Este hongo es un antioxidante muy fuerte que protege al cuerpo de los radicales libres. Construye el sistema inmune, suprime tumores en personas con cáncer y tiene propiedades antiinflamatorias. Puede ayudar con las alergias al detener la liberación de histaminas y mejorar la función hepática del cuerpo.

Seta de Cordyceps
HONGOS DE ORUGA CHINA / DONG CHONG XIA CAO

Este hongo de aspecto extraño es el estándar de oro en hongos medicinales. Prolonga la vida de los glóbulos blancos, tiene propiedades antitumorales y protege los riñones de los efectos secundarios de la quimioterapia. Es un estimulador del sistema inmune que aumenta las células T y es una de las fórmulas tónicas anticancerígenas más utilizadas en la medicina china.

¡Sepa que todas las fuerzas sanadoras están adentro y no afuera! Las aplicaciones de externas son simplemente para crear dentro de una fuerza mental y espiritual coordinada.

EDGAR CAYCE

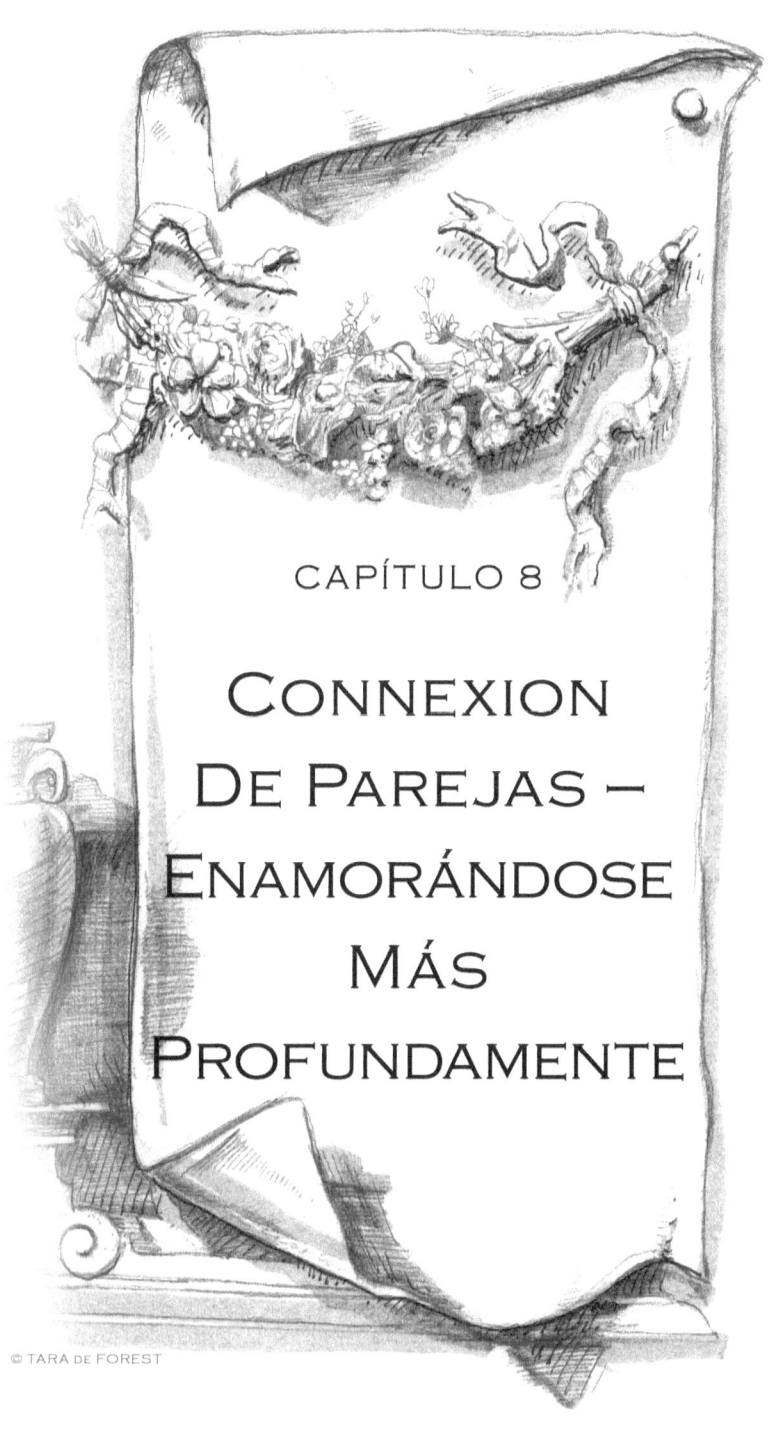

CAPÍTULO 8

Connexion de Parejas – Enamorándose Más Profundamente

Enamorarse Más Profundamente – Reconocer El Misterio En Tu Querido

En estas historias reales, he cambiado las ubicaciones, los nombres y algunos pequeños detalles.

Todos nos encaminamos uno al otro a casa. -

RAM DASS

JULIE Y BRIAN GREEN

LOS GREEN SON UNA FAMILIA suburbana joven. Asisten a la iglesia, votan, van a los juegos de los Halcones Marinos y a los conciertos de Bruce Springsteen. En resumen, se adhieren a los estándares típicos Americanos. Brian es mecánico de automóviles de alto rendimiento y Julie es enfermera. Aunque su hijo de ocho años, Justin, fue el motivo inicial por el que Julie se puso en contacto conmigo, el verdadero problema para la pareja pronto se hizo evidente. Durante los catorce años que habían estado juntos, las cosas se habían convertido en rutina tanto para el esposo como para la esposa. Además, cada uno de ellos crecía de diferentes maneras y ahora anhelaban algo que el otro no proporcionaba.

UNIÓN SAGRADA

Lamentablemente, ésta es una historia que a menudo encuentro.

Brian quería más sexo. Julie quería mejor sexo, con intimidad y profundidad emocional y espiritual.

Cuando enfoqué mi visión intuitiva interna, pude "ver" el chakra creativo-sexual de Brian fluir a una computadora como si lo arrastraran al vacío. Vi que el porno en línea había crecido como un virus, absorbiendo su enfoque y libido y dejando poco para su esposa. Julie se sentía sola y menospreciada. Con la rutina de la crianza de los hijos, su "ser sexy" había quedado atrás en su "yo-mamá".

Estaban en una rutina, pero cuando sintonicé intuitivamente a su "energía de relación", tenía una base sólida. El actual momento difícil que estaban atravesando era en realidad una oportunidad para una nueva expansión. Qué y cómo se miraban Brian y Julie entre ellos era crítico. Sentí fuertemente que la decisión de superar el resentimiento y perdonarse uno al otro, elevaría la energía de su matrimonio a un nuevo nivel de armonía. Entonces la pasión y el romance podrían tener la mejor oportunidad de florecer. Dependía de ellos.

¿Mi trabajo? Ayudar a Julie y Brian a recordar el sentimiento que compartieron de estar enamorados.

Cuando trabajo con parejas, el primer paso es ayudarlos a moverse mentalmente desde sus cabezas hasta sus corazones. Al conjurar el sentimiento y la conexión emocional de los "buenos viejos tiempos", la pareja comienza a recordar la base del amor que siempre ha existido. Esto puede ser un desafío, así que le di a esta pareja una asignación de treinta días de "cucharita" y respiración simultánea usando una técnica tántrica.

TECNICA DE RESPIRACION TANTRICA

ESTA PRÁCTICA HINDÚ DE CINCO mil años es realmente mi arma secreta. Es una pena que el Tantra no se entienda mejor y que a veces se escuche escandalosamente en los EE. UU., porque la técnica de respiración puede hacer que una pareja entre en armonía en cinco minutos. Esta práctica enfatiza la unidad entre sí a través del "arrastre". En mis consultas con parejas, hago que cada par respiren lenta y regularmente, lo que "arrastra" el campo electromagnético del corazón. Luego respiran en el patrón opuesto: cuando uno inhala, el otro exala, pasando el aliento hacia adelante y hacia atrás. El siguiente paso es imaginar un color y forma en la respiración. Infundir la respiración con respeto positivo y amor incondicional es el último paso. Practicar esto puede ser extremadamente poderoso para crear el espacio mental y emocional para atraer a Eros. La verdad es que "enamorarse" no se puede implementar ni forzar. Lo auténtico y simpático es algo que crece desde un jardín cuidado.

Me complace informar que Brian y Julie siguieron los ejercicios y eligieron la gratitud en lugar de la animosidad. A los pocos meses, los Green volvieron a la rutina y la sonrisa torcida de Julie me hizo saber que su pasión también se había reavivado.

¿Justin? Él es el verdadero ganador.

LAUREL Y RICHARD SE AMAN. Treinta y pico, urbanos, amables y bien educados, con tres niños, están haciendo su camino en el mundo. Han sido compañeros durante varios años y ambos están en su camino espiritual: tienen todo a su favor. Sin embargo, el estilo de Laurel de expresarse es hacer erupción como un volcán. El Vesubio de vez en cuando y el de Richard es "muerte lenta", en hostilidad casi constante de bajo grado. Mi núcleo intuitivo dijo que había inflamación emocional en el canasto energético de su relación. Esa irritación hacía difícil hacerle frente a los problemas ordinarios de la vida. Estaban constantemente en un estado de agitación.

También vi claramente que mientras Laurel y Richard se amaban profundamente, su mayor problema era el miedo. Cada uno dudaba del compromiso y los verdaderos sentimientos del otro. A menudo, las parejas no se dan cuenta de cuánto amor subyace bajo una conexión vieja y corroída.

En nuestra cita de seguimiento, no estaba preparada para ver los hilos finos y luminiscentes que conectaban sus chakras (centros de energía a intervalos a lo largo de la columna vertebral que se correlacionan con ciertos órganos, colores y cualidades). Richard explicó que, además de usar las técnicas de respiración tántrica, incorporan Reiki (una forma de sanar a través de las manos enfocando la energía con intenciones y símbolos). También sentí una intensa energía amorosa entre ellos — estaban eligiendo la armonía.

A menudo "veo" la energía de la relación como una conexión vital y pulsante en forma de un contenedor que llamo una "canasta matrimonial", creada enérgicamente cada vez que la pareja hace el amor y la llenan de los sentimientos que comparten. Demasiadas consideraciones negativas entre ellos harán un agujero en esa canasta con la misma seguridad que con la infidelidad. A veces veo un agujero en la energía compartida de una pareja que ha sido remendada, como resultado del perdón que ha sanado su unión.

La falta de conexión vital y pulsante suele ser el problema, incluso hasta cuando ambas personas comparten historia y amor mutuo. La pasión, la intimidad emocional y la sensación de estar locamente enamorados que llenaron las primeras etapas de su relación con emoción e intriga han desaparecido. No es de extrañar que más de la mitad de los matrimonios en América terminen en divorcio. Muchos de nuestros amigos que se casaron jóvenes ya se han separado, o están viviendo vidas de silenciosa desesperación. ¿Por qué? ¿Es ésta la muerte del amor romántico, pleno y profundo a largo plazo? Simplemente no tiene que ser así.

Hay muchos factores que contribuyen en nuestra sociedad compleja y nuestros ocupados estilos de vida que hacen que el mantener una relación íntima sea un desafío. Queremos mucho más de nuestras relaciones que las generaciones anteriores. Por la mayor parte de la historia humana, los matrimonios arreglados eran contratos financieros y sociales entre familias. En la Edad Media, el matrimonio comenzó a incluir el amor y el romance. El modelo de relación actual podría incorporar una extensa lista de expectativas: diversión, aventura, buena conversación, comprensión compasiva, intereses comunes, amor, romance, seguridad, respeto, cuerpos tonificados, mejor amigo ... ¡Y buen sexo!

Sin embargo, según mi observación, lo que las parejas parecen anhelar más es una conexión espiritual-emocional más profunda… un "alma gemela". El sexo es secundario, a menudo con el entendimiento de que la intimidad física puede mejorarse como resultado natural de una unión amorosa sin límites.

La psicoterapia y la consejería matrimonial son dos maneras maravillosas de ayudar a solucionar los problemas y puedo remitir para consultas a una pareja si ya no tienen ayuda, porque yo misma no soy terapeuta ni psicóloga. Pero se puede gastar muchas horas maniobrando para obtener el favor del terapeuta de la pareja en lugar de abordar los problemas fundamentales. Nuestras mentes son extremadamente inteligentes y cuando la pareja se centra en ganar, es una clara señal de que se están acercando el uno al otro desde la perspectiva del ego. Por lo tanto, independientemente de cuanto tiempo o dinero se gaste consultando a profesionales o familiares y amigos, todavía hay un juego que se juega dentro de una "mentalidad del ego".

A partir de mis sesiones intuitivas, me ha sorprendido la frecuencia con la que las mentes y los corazones de las personas se alejan unos de otros sin dejar de tener una relación comprometida. La emoción de una relación extramatrimonial y la tentación de la fruta prohibida tienen más probabilidades de persuadir a cualquiera de los dos miembros a que contemple la posibilidad de traicionar si se abre la puerta de la oportunidad enérgicamente. Esta puerta energética se abre cuando uno de los dos se enfoca erróneamente en pensamientos destructivos negativos como "mi compañero es un idiota" o "ups, me casé con la persona equivocada, ¡AYUDA!". Pero cuando la pasión y la imaginación se concentran y combinan con fuerte emoción, se crea una herramienta de poder energético que puede provocar cambios rápidamente. Siempre animo a la pareja a mantener su enfoque apasionado dentro de los límites psíquico-emocionales de su asociación tanto como sea posible.

Cuando la pareja restablece la armonía con sus corazones, el resto parece encajar en su lugar. Guío a la pareja a mover la conciencia del mundo cotidiano a una perspectiva más elevada, enseñándoles a entrenarse, respirando y visionando juntos ... para *volver* a enamorarse.

En mi práctica intuitiva, también incorporo la sabiduría indígena que obtuve de mi maestra Lakota, una mujer medicina (shaman). Una visualización clave en esta tradición de sabiduría es viajar a través de un estado alterado de conciencia hacia su auténtico ser, nuestra chispa de Divinidad. Más comúnmente conocido como "recuperación del alma", el objetivo del proceso-viaje es recoger las partes fragmentadas de la psique de la persona que fueron tomadas o inadvertidamente dejadas atrás durante una experiencia de trauma, discusión o abandono. También aliento la meditación guiada con un ritmo, centrándome en recuperar partes fragmentadas del relación. Grabo mi meditación de "un amor" para que cada pareja pueda escucharla durante aproximadamente treinta días mientras duermen. Mi enfoque es una fusión de tradiciones antiguas e indígenas (unas que los humanos han practicado durante milenios, que ahora residen en nuestro ADN colectivo) junto con la producción de mis dibujos que intuyo sólo para cada cliente.

Cuando las personas eligen pensar de manera diferente, puedo ver la transformación resultante en mi mente durante una sesión intuitiva. Cuando las percepciones de las personas cambian, también cambian sus actitudes; entonces las ideas y los patrones de pensamiento cambian. Esto, a su vez, altera los campos de energía de las personas. El aspecto más sorprendente para mí es que puedo ver el cambio energético en tiempo real. Es un cambio de juego cuando la pareja se enfoca simplemente en lo positivo, el uno en el otro. Parece que honrar a su amado desde una perspectiva más elevada puede ser un primer paso relativamente indoloro hacia una unión más pacífica y armoniosa. Soy optimista de que Eros, el Dios del amor, simplemente haya sufrido una experiencia cercana a la muerte. Afortunadamente, ahora resucitado, él abrirá la puerta para un nuevo renacimiento en una relación comprometida.

Más allá de las ideas del bien o el mal
hay un campo
Te encuentro allí.
RUMI - SIGLO 13

CAPÍTULO 9

ELLA TOMÓ
EL TREN
AL CIELO

Ella Tomó El Tren Al Cielo

*Los nombres y la ubicación en este cuento han sido cambiados.
El arte debe ser una expresión de amor o no es nada*

MARC CHAGALL

LOS PODEROSOS SUEÑOS PREVIOS A LA MUERTE que vienen en los últimos días y momentos antes de la transición al otro lado pueden ser una guía importante para la persona que está muriendo. Estos sueños visionarios del final de la vida en las civilizaciones antiguas se consideraron como experiencias religiosas. Era un evento común en el mundo premoderno para que un ángel, pariente o tutor, ayudara al alma a navegar hacia la otra vida. En las tradiciones culturales de todo el mundo, los sueños previos a la muerte son espiritualmente significativos y en las culturas indígenas se consideran visitas reales de los antepasados o del Gran Espíritu. Se espera que un chamán interprete las visiones de los moribundos para proporcionar una guía para el viaje al más allá.

"La gente en la sociedad actual experimenta sueños pre-muerte con notable frecuencia, aunque en muchos casos la gente de hoy no sabe qué pensar de experiencias extrañas y visionarias. Viviendo como lo hacemos en la cultura donde las autoridades científicas nos aseguran que soñar no es nada más que un disparo

ELLA TOMÓ EL TREN AL CIELO

aleatorio de neuronas en el cerebro, las personas que experimentan un sueño pre-muerte increíblemente poderoso a menudo cuestionan su propia cordura y salud mental. Pero como resultado directo del sueño o visión, surge una nueva comprensión de la vida, la muerte y lo que está más allá de la muerte".

"DREAMING BEYOND DEATH:
A GUIDE TO PRE-DEATH DREAMS AND VISIONS"
de Kelly Bulkeley and Rev. Patricia Bulkley.

—No tengo miedo a morir, Jane —dijo Beth, mientras me miraba tranquilamente a la cara.

—Tuve un sueño anoche. Fue muy real. Mi padre vino a mí. Estaba parado en una plataforma junto a un tren. La puerta estaba abierta y pude sentir la excitación de la partida en el aire mientras el humo subía en espiral hacia arriba. Él dijo: —Bethie, ve a comprar un boleto porque el tren está saliendo de la estación. —Se sentía como si realmente estuviera allí —dijo Beth, obviamente conmovida por el sueño.

Ambas teníamos la corazonada de que éste no era un sueño ordinario; parecía ser una clásica visita previa a la muerte.

Su padre, Bernie, había muerto pocos años antes y Beth lo había cuidado hasta el final. Su madre había sucumbido al cáncer cuando Beth era una adolescente y esa muerte había sido un terremoto dentro de su familia de siete.

—Realmente parece que el alma de tu padre ha venido para ayudarte a encontrar el camino de regreso a Casa —le dije.

Beth sonrió débilmente. El cáncer de mama había debilitado el fuerte cuerpo de corredora que tuvo alguna vez, incapaz de hacer mucho más que sentarse, mucho menos caminar. Beth se inclinó pesadamente hacia mí mientras yo estabilizaba sus débiles pasos desde el sofá y bajaba por el pasillo hasta su habitación. Puse las mantas sobre ella y la envolvieron. Arrodillándome en el suelo, miré sus ojos celestes y estaba agradecida de que todos sobreviviéramos a la muerte.

Con mi desarrollado sexto sentido, he reunido bastantes descripciones inusuales de cómo es el Cielo, nuestro Hogar real, de almas que han pasado al otro lado de la vida. He deducido que hay un "lugar" o dimensión a la que volvemos después de la vida: un lugar rodeado de nuestros seres queridos e imbuido de una paz abrumadora. Nunca morimos solos. Siempre hay un guardián, antepasado, ángel, Jesús o Buda, o luz guía para ayudarnos a encontrar nuestro camino. Nos encontramos con amor y aceptación incondicional. No me he encontrado con un Dios que juzgue o que nos castigue por nuestros pecados terrenales, aunque a menudo reconozco las repercusiones kármicas de nuestras acciones en la "escuela de la Tierra". Pero no soy alguien que conozca la historia entera, simplemente estoy informando la sabiduría que obtuve de muchos encuentros con el otro lado.

Beth y yo nos miramos y la habitación se derritió. Ambas nos amábamos como hermanas. Ella era una confidente y mi mejor amiga. Me di cuenta de que habría un enorme agujero en mi vida cuando ella falleciera, y pude sentir pánico en la boca del estómago.

Jane, esto no se trata de ti!. Me reprendí a mí misma. Por supuesto, ella sobrevivirá a la muerte y su ser real regresará a su Casa en el cielo. Pero egoístamente quería que ella se quedara. La ira que creció en mi corazón pareció alejar el pánico.

Sin embargo, admito que la posibilidad de cáncer se me había pasado de la mente. A pesar de que, en general, Beth había llevado una vida sana, comía alimentos orgánicos y se había ejercitado a diario, sí había permitido que una semilla de ira echara raíces en su corazón. Ella alimentó a la semilla con pensamientos negativos regulares y emociones fuertes. Parecía haberse convertido en un árbol cargado de frutos amargos. El oncólogo de Beth era directo: la única opción era la quimioterapia y la radiación.

Cuando le conté a Beth acerca de una investigación sobre hongos de cola de pavo en estudios clínicos para pacientes con cáncer de mama, quedó cautivada. Según los informes, el polypore común había ayudado a fortalecer el sistema inmune del cuerpo y se había utilizado junto con la quimioterapia. He encontrado tres o cuatro hongos medicinales con cualidades reportadas contra el cáncer y antitumorales. Las dos sabíamos que era demasiado tarde, pero lo que sí tuvimos fue ese momento juntas.

—Trae tu conciencia a tu aliento —continué. —Bueno.

—Sigue tu respiración, llena tu vientre, deja salir tu aliento. —Sólo ten en cuenta tu aliento, el ascenso y descenso de tu tórax.—

—Observa tus pensamientos como si fueran nubes blancas e hinchadas que se mueven suavemente a través de un cielo azul claro. Mira cómo flotan y trata de no tener esos pensamientos ... déjalos ir. No entres en el pensamiento, sólo hazte consciente de él.

—Nombra el pensamiento. 'Pensamiento de dolor'.

—Pensamiento que se pregunta —susurró Beth. —Pensamiento triste. Ensueño.

—No te juzgues por ningún pensamiento, sólo ten consciencia de ello y obsérvalo —me quedé sin palabras.

Una escena detallada de la estación de tren con una historia clara floreció en mi imaginación, cuando usé mi sexto sentido.

Colores, sentimientos, ambiente y una urgencia innegable ... no quedaba mucho tiempo.

¡Entonces buum! Estaba allí en la estación de tren, sintiendo el aire fresco, el olor a diesel y la emoción de una nueva aventura. Mi instinto me decía que podía guiarla con imágenes y meditación que podrían ayudarla a encontrar el camino de regreso al Hogar, al Cielo. El viaje a Casa parece ser una experiencia humana compartida y muchas culturas antiguas tienen una guía establecida para ayudar a los difuntos a encontrar el camino de regreso a sus antepasados. En el antiguo Egipto, *el Libro de los Muertos* era la principal guía de los egipcios para que el alma atravesara la complicada vida futura. Del mismo modo, el *Libro de los Muertos* tibetano llamado el Bardo se ha utilizado en ese país montañoso para guiar a las almas después de la muerte a través de niveles de conciencia.

Nos imaginé a Beth y a mí rodeadas de luz dorada, llenas de amor y compasión. Luego anclé mi energía de fuerza de vida en la tierra como una raíz de árbol gigante, fuerte y vital. Inhalé energía vital y con el aliento imaginé que la tierra fluía hacia arriba a través de mi espina dorsal. Simultáneamente, vi una luz verde fresca y brillante con energía llenando mi cuerpo, despejando mi energía y empujando "lo que ya no necesito cargar" fuera de mi cabeza.

—¿Puedes imaginarte esa estación de tren —le pregunté en voz baja, —dónde está tu padre sonriente en la plataforma del tren que espera? Como el sueño, pero ahora es real. Con un corazón abierto, tu padre te da la bienvenida. Un olor a combustible diesel y creosota, pistas oxidadas y un tren plateado brillante que refleja el cielo azul celeste.

—Tu padre te hace un gesto para que consigas tu boleto. Hay una gran sonrisa en su rostro. Ahora imagínate yendo dentro de la estación, huele la madera vieja y siente el mostrador de mármol verde que está fresco al tacto. "ABIERTO" está pintado en letras doradas, y una mujer amable con ojos amables y manos fuertes te da un boleto.

Cogí aliento. La dulzura del momento me golpeó. Beth descansaba pacíficamente con una sonrisa en su rostro. La luz del sol entraba a raudales en la desordenada habitación llena de fotos enmarcadas de épocas más felices, libros, arte indígena, arte de ella ... y botellas y botellas de medicina.

Afuera, una ciruela en flor cedía sus pétalos rosas a la brisa y caía en cascada como confeti en una boda encantada. La lluvia paró; agua y aire mezclados, formando un halo alrededor de las partes iluminadas de las cosas. Pude ver el Monte Santa Elena, sombras púrpuras adornando sus blancos picos.

Estaba agradecida de compartir este momento con una de mis amigas más queridas en esta vida. Todo lo que realmente tenemos es este momento. El momento presente siempre cambia, nunca es lo mismo. Todas las cosas están siempre en movimiento, se crean, luego se destruyen, suben y luego desaparecen.

Recordé las lecciones de mis maestros budistas, aparentemente elusivas y misteriosas. Nunca pude entenderlos muy bien, aunque podría citarlos textualmente. Los había entendido sólo como conceptos intelectuales con nombres que suenan extraños.

Sin embargo, en el desorden de la habitación de Beth, donde me arrodillé, se abrió el improbable momento. Se extendió lentamente, expandiéndose exponencialmente, hasta que incorporó todo, como una matriz inteligente de la cual yo era parte integral. Pensé: *¿Es ésta la red de la vida? ¿Somos* *realmente parte de una unidad, de un todo, como un sistema?*

¿Una matriz viviente?

Sin embargo, no había más "yo" para contemplar al pensamiento. Simplemente "nada". Ah y "todo" también. Por un momento fugaz experimenté algo enorme. Tal vez fue el Eterno Ahora.

Beth se inquietó. Regresé a mi meditación guiada con una persistente sensación del infinito.

—Como saludas a tu padre y encuentras tu asiento en el tren, se sacude y sale de la estación.

—Comienza el viaje.

—Más rápido, más rápido, colinas ondulantes, campo de paisaje por la ventana. Más rápido: se ve borroso a medida que aceleras."

—Todo va a estar bien. Todo es perfecto. Te vas a Casa.

BIENVENIDA A CASA BETH

—Las puertas del vagón se abren hacia una plataforma. Es verano. Nubes gordas salpican un cielo malva y melocotón. La cálida luz del sol brilla en una cascada que fluye rodeada de cestas colgantes de flores y jardines de rosas. La hierba esmeralda está enmarcada por parterres de flores y ves a las personas que amas: tu madre, tus abuelos, tus amigos, tías y tíos. Todos sonríen, te dan la bienvenida a Casa y te envían amor, compasión, bondad. Te quieren tanto y se llenan de alegría de verte. Todos están vivos y bien. El amor y la aceptación incondicional impregnan el aire —dije en voz baja.

Beth ahora estaba raramente calmada, con todo su dolor y ansiedad.

Mis ojos también se cerraron y pude ver un parque arbolado lleno de gente. Beth y su padre estaban de pie en la plataforma siendo recibidos por sus seres queridos y animales. Me sentí alegre, calmada, aceptada. Las lágrimas corrían por mis mejillas como si estuviera en la estación de tren con ella.

—Tu estás en Casa ahora. El tren te estará esperando en la estación cuando estés lista y regresará a este lugar donde hay paz y están todos tus seres queridos. Recuerda este viaje Beth, recuerda cuándo sea el momento de partir ... éste es el camino a Casa —le dije.

La habitación estaba en silencio. Sabía que habíamos creado un espacio sagrado. El aire estaba denso con una presencia poderosa. La transición de esta vida, a través de la muerte, a la próxima vida, es un viaje sagrado, santo y reverente desde el mundo físico a un plano superior de existencia.

Mi siguiente visita fue una de las últimas en que Beth estaba lúcida y quieta. Hablamos sobre el morir y el irnos al Hogar. Sugerí que considerásemos establecer una señal que ella pudiera

enviar para avisarme que había llegado sana y salva.

Le expliqué a Beth: —Mi abuela y yo acordamos que me avisara cuando llegara a Casa y si todo estaba bien. La señal que mi abuela eligió era una mariposa. Mi sexto sentido me dijo que ella se estaba comunicando conmigo poco después de la muerte cuando vi un centenar de pequeñas mariposas revoloteando bajo el cálido sol. Era un día de julio junto a un lago alpino y un choque electromagnético hormigueó mi espina dorsal, haciéndome estremecer. Justamente había estado reflexionando sobre su viaje a Casa en ese momento y creo que mi abuela no quería que perdiera el mensaje de que había llegado a su destino celestial. El evento fue especialmente significativo porque ella había sido una devota atea, pero por alguna razón inexplicable, en sus últimos días, comenzó a considerar la posibilidad de que pudiera haber algo más que el mundo material y racional.

Tal vez porque al final su padre comenzó a aparecer en el hospital. Flotando en el techo, vistiendo en el largo camisón blanco y la gorra que usaba en su vida en el cambio de siglo. Nadie pudo verlo o escucharlo, salvo su hija, mi abuela. Ella disfrutó de sus conversaciones y me dijo de hecho que había venido a llevarla a Casa cuando fuera el momento adecuado.

—¿Te gusta la idea de una señal? —le pregunté con esperanza.

—Me encanta esa idea —respondió Beth. —Un colibrí sería una señal perfecta.

—¿Qué tipo? —pregunté juguetonamente. A Beth le gustaba la idea de enviar mensajes a través de señales; tenía más sentido para ella, de todos modos. Sus obras de arte estaban llenas de simbolismo: el lenguaje del alma y la Madre Naturaleza, ambos conceptos que ella amaba.

—El tipo de colibrí con un pecho azul verdoso iridiscente. Esa será mi señal.

Cuando regresé a casa ese día, me senté frente a la computadora y busqué "colibrí" en Google. Sin duda, parecía calzar interesantemente:

La "Meditación del viaje a Casa" fue un viaje en tren semanal que Beth y yo tomamos. Mientras su fuerza de vida se agotaba y ella se acercaba a la muerte, emprendimos el viaje cada dos días. Aunque al final ella estaba en coma, eso no me impidió seguir nuestra meditación guiada de todos modos, ya que el subconsciente oye todo. Su cabeza calva era hermosa de una manera extraña y estaba agradecida de que su sufrimiento casi hubiera terminado. Al final, ella ya no pudo comunicarse conmigo y en una hermosa mañana de verano ella murió.

Dejando su viejo disfraz lleno de cáncer en la cama, viajó a su Hogar en el Cielo.

—Jane, mira ésto —su compañero de veinte años presionó una tarjeta en mi mano con una expresión de asombro en su rostro. En la primera tarjeta de condolencias había un jardín bellamente pintado. Mi corazón se aceleró. En primer plano había un colibrí artístico y sí, tenía un pecho azul verdoso.

¡Ella había llegado a Casa! Estaba segura, bueno, bastante segura. Si esta casualidad se hubiera materializado para el mejor amigo de otra persona, habría sido obvio para mí y habría dicho: "Sí, por supuesto, es una comunicación posterior a la muerte, claramente". Pero porque fue quizá una casualidad, una pequeña parte de mí dudó.

Los últimos rayos del sol poniente recorrieron mi terraza mientras veía la cálida luz bañar a las glicinas púrpuras. Me sentí tranquila. El entierro había terminado, Beth se había ido. Pero había un agujero en mi corazón. Entonces escuché un zumbido.

Dos colibríes aparecieron y se cernieron frente a mí. Me miraron a la cara. Mi cuerpo involuntariamente se estremeció al ver la escena surrealista. El zumbido de sus diminutas alas llenó mi cerebro mientras los pájaros permanecían exactamente en su lugar, como si descansaran en el aire. ¿Mensajeros? Se quedaron por mucho tiempo, mirándome. Se sintió como un sueño. No podía medir el tiempo con precisión porque el momento parecía más allá del tiempo y el espacio.

Pero mi corazón estaba lleno y tenía la piel de gallina. Beth estaba enviando un mensaje; estaba segura de que ella había llegado a Casa. No había dudas en mi mente. ¿Mi conjetura? Ella viajó en tren.

> **COLIBRÍ:** ESTE ANIMAL ESPIRITUAL SIMBOLIZA LA RESISTENCIA, EL CORAJE Y LA VALENTÍA. SU LARGO VIAJE, A VECES A LO LARGO DE CIENTOS DE MILLAS DE AGUA Y TIERRA, REQUIERE CONFIANZA Y CORAJE. UN VIAJE DE 3,000 MILLAS POR CADA CAMINO QUE RECORRE EL COLIBRÍ DESDE AMÉRICA DEL NORTE (ALASKA INCLUIDA) A AMÉRICA CENTRAL ES VERDADERAMENTE NOTABLE. A MENUDO REGRESARÁN AL MISMO JARDÍN AÑO TRAS AÑO. DE TAMAÑO PEQUEÑO, EL COLIBRÍ LLEGA A SU DESTINO DISTANTE USANDO SU TREMENDA FUERZA. PERO ESTE ANIMAL-MENSAJERO TAMBIÉN COMUNICA ALEGRÍA, LIGEREZA DE SER Y RESILIENCIA. PUEDE VOLAR HACIA ATRÁS, DE LADO A LADO Y DETENERSE EN PLENO VUELO, SIN DUDA NOTABLE PARA UN SER ALADO. EN VUELO, SUS ALAS FORMAN UN OCHO ... O TAL VEZ ES UN SÍMBOLO DE INFINITO.

Si el sueño es una traducción de la vigilia,
la vigilia también es una traducción del sueño.

RENÉ MAGRITTE

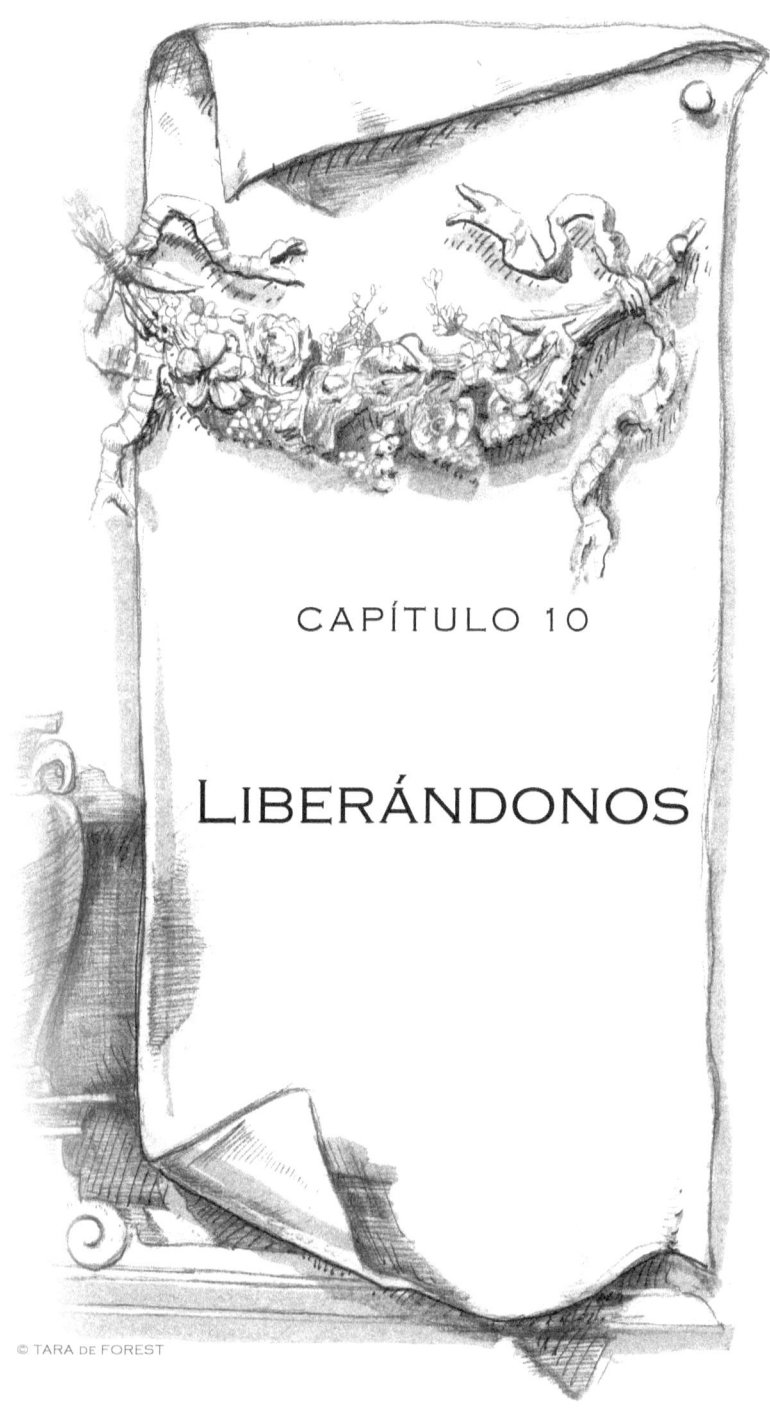

CAPÍTULO 10

LIBERÁNDONOS

Liberándonos: Nueva Información Puede Ayudarte A Cambiar De Marcha

"Un ser humano es parte del todo, llamado por nosotros 'universo', una parte limitada en tiempo y espacio. Se experimenta a sí mismo, a sus pensamientos y sentimientos como algo separado del resto, una especie de ilusión óptica de su conciencia. Este engaño es una especie de prisión para nosotros, que nos restringe de nuestros deseos personales y afecto por algunas de nuestras personas más cercanas. Nuestra tarea debe ser liberarnos de esta prisión ampliando nuestro círculo de compasión para abrazar a todas las criaturas vivientes y a toda la naturaleza en su belleza".

ALBERT EINSTEIN

LO INESPERADO

TOM HABÍA MUERTO CUATRO AÑOS ANTES y toda su familia, su madre, su padre, su esposa y su hermana, Ara, se habían reunido en su casa en el estado de Washington. Nos instalamos en su acogedora sala de estar para mi consulta intuitiva. "Leí" e informé detalles específicos que no había manera de que pudiera haber sabido con mi mente consciente, detalles que indicaban que Tom estaba presente con los miembros de su familia. Irónicamente, la información que convenció a la familia de que yo era el "verdadero McCoy" era tan extravagante que casi no la mencioné.

Durante la sesión de comunicación con el espíritu sobrio y reverente, un sentimiento poderoso vino del otro lado de la sala de estar. Centrándome, sentí movimiento y tuve la impresión de bailar. Me pregunté si estaba tratando de comunicar una velada romántica que habían compartido, posiblemente en una boda, pero en cambio, pude distinguir vagamente la silueta transparente de un hombre corpulento que hacía … el vals, no … ¿el paseo de la luna? NO, el "baile de pollo"! Hice una doble toma. ¿De verdad? pensé. Volví a centrarme. Sin duda, era una lectura errónea, pero una vez más vi el inconfundible movimiento del brazo sobre la energía ahora más opaca de Tom. ¡No puedo decirle esto a su afligida familia! Una vez que rompí con mi preocupación por molestar a la familia si estaba equivocada, murmuré: "Creo que tal vez … bueno … mmm … ¿qué piensan del "baile de pollo"?

Toda la familia estalló en carcajadas, sorprendiendo al anciano padre a que despertara en su sillón. Sí lo adivinaste, a Tom le encantaba hacer el "baile de pollo". Esto estableció mi credibilidad, que era importante para Ara, ya que la siguiente información cambió su vida para siempre.

Ara y Tom tenían una broma de que ella tomaría el segundo nombre de su hermano cuando él muriera porque Ara no tenía uno. Cuando murió, Ara lo hizo legalmente, pero se sintió consumida por la culpa y quedó paralizada por el miedo. Ara estaba aterrorizada de haber ofendido y enojado a su hermano en el otro lado. En mi imaginación vi a Tom inclinado sobre una rodilla besando la mano de su hermana. El gesto fue un reconocimiento sincero y fue una clara comunicación del amor abrumador de Tom. Le transmití todo esto lo mejor que pude, así como el mensaje de que a él no le importaba que ella tomara su segundo nombre. Lo único que parecía urgente comunicarle era su profundo amor y preocupación por la paz con su hermana.

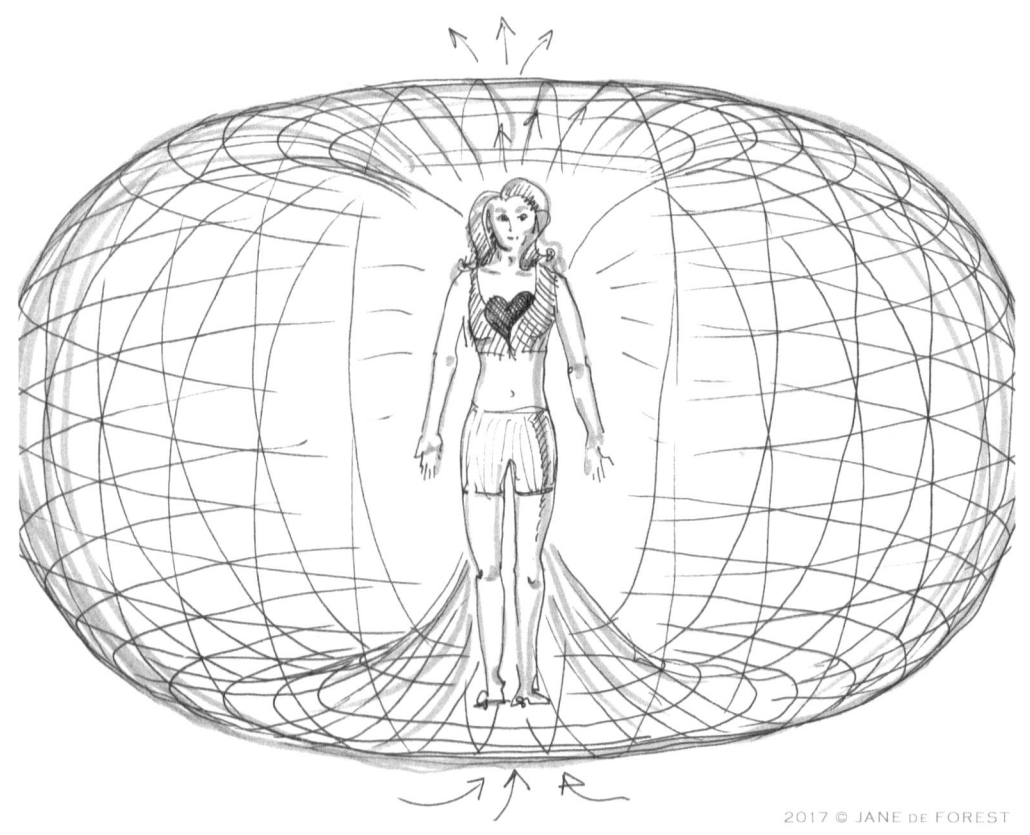

EL CAMPO ELECTROMAGNÉTICO GENERADO POR EL CORAZÓN

Ella lloró. En un abrir y cerrar de ojos, soltó un poco de la culpa y el miedo que la habían agobiado durante años.

Con los ojos cerrados, observé con mi sexto sentido, mientras se disipaba la nube oscura alrededor de su abdomen, y su energía se aligeraba y se expandía como una flor que se abre en fotografías en secuencia. Cuando cambió su percepción sobre la situación, su realidad cambió en tiempo real.

Poco después de esa sesión, empacó sus pertenencias y se mundó cerca de su familia desde el otro estado donde se había aislado. Ella consiguió un nuevo trabajo y lo último que escuché es que ahora está viviendo una vida radiante y feliz.

Este es el poder de recibir información que está más allá de nuestra mente racional; información que habla al corazón y en última instancia, puede ayudar al crecimiento personal. Todos tenemos pensamientos que hacen más pesado el trabajo, pero la información nueva puede ayudarnos a cambiar los engranajes.

¿QUIENES SOMOS, QUIERO DECIR, REALMENTE?

TÉRMINOS TALES COMO EL "yo más profundo", el "núcleo intuitivo" o la "naturaleza superior", todos describen el sistema interno de guía "Divina" que reside dentro de ti. Pienso que nuestro sistema intuitivo innato es preconsciente y preverbal. Acceder a la sabiduría que ya está dentro de ti te empodera, profundiza la calidad de tu *ch*i y aumenta tu campo electromagnético, entre otras cosas.

"Carisma" y "magnetismo animal" son palabras que usamos para describir la sensación casi tangible de alguien que posee un fuerte poder personal. Este aspecto energético de uno mismo es invisible, intangible e incuantificable; es tu yo eterno, esa parte de ti que nunca muere. Hay una parte de ti que no tiene edad y que va más allá del tiempo. ESTA es la parte de ti que buscamos para ayudar a emerger e incorporar a tu ser consciente, a través de la práctica.

A lo largo de la historia, se dice que muchos santos y seres santos tenían una fuerte aura amorosa, acompañada de una luz física. A veces llamado un halo; esta idea se puede ver claramente en la literatura (la Biblia) y el arte. Creo que estamos viendo la misma energía pero llamando a "lo que sea" por diferentes nombres. La forma en que se aplica la etiqueta depende de si la está describiendo un científico o un aborigen, un ateísta o un fundamentalista, un niño o un anciano próximo a morir. De todos modos, "el que-siempre-es" ha sido reconocido en la mayoría de las culturas y sociedades a lo largo de la historia como una fuerza viviente enérgica, circulante, animadora, dentro de cada ser humano y de cada ser vivo, también.

ENERGÍA FUERZA VITAL

氣 ES EL CARÁCTER CHINO de la "energía de la fuerza vital", que también se conoce como *ch'i o chi*. La antigua tradición china de medicina y filosofía se basa en la existencia y el manejo de la energía de la fuerza vital. Gracia y Espíritu Santo en el cristianismo; qui y ch'i en China; *chi* en Igbo personas de Nigeria; ki en Japón; ka en el antiguo Egipto; khi en Vietnam; gi en Corea; prana en India; maná en polinesio; ha en Hawaiian Huna; wakan en Lakota Sioux; maban en aborigen australiano; awen en galés; baraka en islámico; rLung en Tibetano; energía oscura en física o "La Fuerza" a la Star Wars. La letra "X" en griego antiguo sonaba como "ky" y más tarde se deletreaba "chi". La X en la portada de mi libro es un reconocimiento respetuoso de esta fuerza vital misteriosa, poderosa, viviente y animadora e inteligente.

LO QUE LA MAYORÍA DE LA GENTE QUIERE Y PORQUE NO LO CONSIGUEN

EN REALIDAD, LO QUE LA MAYORÍA DE LA GENTE quiere es una vida en general armoniosa, próspera y saludable, en la que hagan un trabajo significativo y estén rodeados de personas genuinas y amorosas. Claro, a todos nos gustaría un poco más de dinero, pero en la parte superior de la lista, lo que más se anhela es pertenecer, tener conexiones sinceras y hacer un trabajo significativo. Los maestros espirituales nos dicen que sigamos nuestros corazones, pero eso puede ser elusivo: la ira, la desilusión y el resentimiento pueden ocupar grandes espacios en nuestros corazones. El problema es que los pensamientos negativos engendran estados de ánimo negativos y energía oscura que hacen que nuestras emociones caigan en espiral hacia abajo. Pero también ocurre lo contrario: una actitud positiva y agradecida crea un terreno cálido, seguro y acogedor en el que las personas se sienten atraídas y donde crecen las cosas buenas.

Cambiar tu propia realidad es el primer paso para usar tu libre albedrío para cambiar el efecto que tienes en los demás y en el mundo. Porque estos estados de ánimo, claros u oscuros, tienen un efecto mucho mayor en el mundo que nos rodea de lo que podríamos imaginar. En consultas intuitivas, he sido testigo una y otra vez de que cuando las personas cambian su forma de pensar, cambian su realidad en ese momento. El proceso es nada menos que milagroso y es el aspecto más empoderador del trabajo que hago.

La gente a veces viene a una sesión y se autosabotea y me refiero exactamente a éso. En ocasiones tuve que decirle a los clientes que no me dieran su poder. No soy una adivina o una terapeuta; todo lo que puedo ofrecer es una perspectiva más elevada, o al menos, diferente. En última instancia, somos responsables de nuestras propias acciones y éso es lo que veo como una intuición. Todos tenemos un efecto en el mundo en lo que decimos y lo más potente de todo, lo que pensamos. Me gusta ayudar a las personas a fomentar la fortaleza y la autosuficiencia porque existe una mejor posibilidad de ayudarlos a llegar a un lugar de conexión y creatividad.

NO MORIMOS

MIS CLIENTES ME HAN DADO el invaluable regalo de ayudarme a ser una persona más espiritual. Me siento honrada por la sabiduría que las personas y los animales, tanto en éste como en el otro lado del velo, me han dado. A través de aquellos que viven que han pedido que me conecte con aquellos que ya nos dejaron, he desarrollado una vaga comprensión de la vida del otro lado y he llegado a pensar que hay una autoridad espiritual superior que trasciende religiones o ideologías específicas. Veo esta autoridad espiritual superior -o Dios o Creador- como luz inteligente y compasiva, no porque yo quiera, sino porque éso es lo que he visto. He llegado a comprender que hay un orden o patrón dentro del universo, una matriz. Tal vez éso es lo que es Dios: una matriz amorosa e inteligente. Nos veo como parte de una creación completa que parece una red de luz; no hay forma de que puedas estar afuera mirando, porque por la naturaleza de estar vivo, estás conectado a todo. También he llegado a comprender que no hay nada que temer en la muerte porque, bueno ... ¡no morimos!

Una dimensión fascinante de una consulta intuitiva es que, independientemente de si alguien es profundamente religioso o no creyente, con mi sexto sentido, puedo ver un aspecto de la persona que parece sin edad, o eterno. Cuando los parientes del otro lado de una persona aparecen, están muy vivos. Es difícil para mí pensar en ellos como muertos cuando están vivos frente a mí, teniendo una conversación, o más bien, una "comunicación". Sostengo que no podría estar teniendo una conversación sobre los acontecimientos actuales con una persona que no hubiera tenido conocimiento de estos eventos mientras estaban "vivos" si la persona o el animal estaban realmente muertos.

LO QUE TIENEN QUE DECIR

MUCHAS VECES DURANTE UNA COMUNICACIÓN CON una persona o animal del otro lado, la conversación incluye información específica. Mi experiencia favorita es dibujar diseños precisos y elevaciones de edificios y habitaciones, como dónde se colocan los muebles y, a veces, hasta esquemas de color. Recibo imágenes en mi imaginación que pueden incluir características físicas y palabras o frases exactas que fueron significativas mientras esa persona estaba viva. Un ejemplo se puede encontrar en el Capítulo 3 donde la frase "te amo hasta la luna y de vuelta" fue importante para la familia de la mujer que falleció.

TODOS REGRESAMOS

CUANDO COMENCÉ A HACER ESTE TRABAJO, no creía en vidas pasadas. Pero lo que he "visto" es que las almas de las personas, o tal vez se puede nombrarlas espíritus o luz, regresan a este mundo para pasar otras vidas en la Tierra disfrazados de seres humanos. La mejor analogía que tengo es una "mano en el guante", es decir, el alma o la luz es la mano, y el cuerpo físico es el guante. Vamos mano en guante, si se quiere y el guante parece ser diferente en cada vida. A medida que pasamos por varias vidas, experimentamos cuerpos que son diferentes en cuanto a raza, género y nivel socioeconómico.

Lo que es conmovedor y esperanzador, además, es que

UNA VIDA EN LA TIERRA
ANTERIOR

tendemos a regresar a grupos familiares espirituales. Me da la impresión de que reencarnamos en grupos, turnándose para ser la madre, el padre, la hija, el hijo, el mejor amigo, el vecino, etc. La química instantánea y la sensación de conocer a alguien sin haberlo conocido antes es algo común entre muchas personas . Por el contrario, ciertamente hay momentos en que las personas sienten un inexplicable desdén por alguien que otros podrían considerar una persona perfectamente agradable. Las personas también pueden tener una relación instantánea con otra cultura o período de tiempo. Por ejemplo, a un joven estudiante universitario al que hice una consulta recientemente le encantaba el jazz tipo Louie Armstrong. Él no sólo podía tocar este estilo fácilmente en varios instrumentos, también sus composiciones musicales reflejaban esa época. A menudo mis clientes informan sobre una sensación de "déjà vu" con personas, lugares y culturas extranjeras. Sospecho que estos son indicios de algún tipo de memoria de vidas pasadas.

EL SEXTO SENTIDO

LA VERDAD ES QUE, A PESAR de lo especial que me hacen parecer, mis habilidades intuitivas no son únicas. TODOS tenemos un espectro rico y amplio de capacidad de sexto sentido. Todos los animales, animales humanos incluidos, tienen un sistema intuitivo "Siri" para la supervivencia y la evolución. La "segunda vista" como a veces se llama, es un sistema de guía interno. Es de esta manera, tú, sí tú, tienes acceso a la información más allá de tus pensamientos racionales e ideas aprendidas. La segunda vista es también la herramienta que enseño para enviar y recibir información telepática en mi clase, "Sabía que ibas a decir eso".

Nuestros antepasados usaron su sexto sentido desarrollado para localizar terrenos de caza, reunirse con miembros de la tribu y predecir cuando una tribu enemiga podría atacar. Black Elk tuvo una visión, o lo que podríamos llamar un sueño realista, de su tierra tribal llena de cintas de hierro y la muerte de su gente y sus formas nativas. Como sabemos muy bien, la profecía se hizo realidad, mostrando que la información era precisa.

Nuestro sexto sentido tiene un amplio espectro de capacidad intuitiva. La mayoría de las personas son expertas en una o dos de estas formas de información. Imagina que tu espectro intuitivo es un arco iris, en el que sólo se desarrolla un área estrecha, por ejemplo, amarilla y azul. Eso podría equiparar a la fuerza en la interpretación de los sentimientos viscerales y obtener flashes futuros. Pero a medida que se desarrolla más de tu espectro intuitivo, hay disponible una mayor variedad de información auténtica y ÚTIL.

Los aspectos de la intuición y algunas maneras que este tipo de sabiduría se manifiesta son:

1. Conocer a alguien a quien nunca has conocido antes;
2. Conocer los pensamientos, sentimientos e intenciones de una persona (instinto animal);
3. Saber lo que alguien va a decir antes de decirlo (conocimiento previo);
4. Saber lo que va a pasar (pensamiento pre-cognitivo);
5. Saber cuando has estado en circunstancias similares antes (déjà vu);
6. Saber algo que está pasando en otro lado (por ejemplo, madres que sienten peligro con sus hijos u "ojos en la nuca" de la cabeza de la madre);
7. Saber cuando alguien está mintiendo;

8. Conocer un concepto o idea enteramente, como una invención o creación;

9. Saber el significado simbólico de información entre sincronías o en coincidencias aparentemente aleatorias.

EL DESARROLLO PSÍQUICO Y EL ACCESO DE TU INTUICIÓN NATURAL

EL RECIBIR MENSAJES TELEPÁTICOS (conocer información sin ser avisado), ser precognitivo (conocer un posible evento futuro) y obtener información no local (conocimiento sobre algo que está en otro lugar o alguien que está en otro lugar) es bastante simple de hacer con la práctica. Utilizo un método de varios cientos de años para dibujar la información recibida en imágenes y símbolos.

A veces llamada "visión remota", esta técnica de observación y documentación de información desde un lugar distante es popular. Es, tranquilamente, la manera más fácil de pasar por nuestra mente racional para acceder a información telepática precisa que proviene de un lugar pre-verbal en la psique. La visualización remota es una técnica que se desarrolló en el Instituto de Investigación de Stanford, donde se llevaron a cabo investigaciones sobre la capacidad de la mente humana para una mayor conciencia. En este tipo de conocimiento, las personas pueden imaginar lugares distantes y eventos futuros con sólo coordenadas geográficas. Utilizo la técnica porque es una manera limpia de abrir mi mente y ampliar mi perspectiva.

Me entrené para "leer" a una persona "en frío" sin pre-conocimiento, imágenes o información personal. Es el tipo más difícil de lectura intuitiva. Aprendí que el lenguaje de mi núcleo era simbólico y desde allí cultivé áreas adicionales de mi rango intuitivo, o espectro. Un método de siglos de edad para dibujar la información recibida en imágenes y símbolos que facilita la interpretación clara. El lenguaje del núcleo psíquico es el simbolismo, por lo que es más eficiente bosquejar que explicarlo con palabras. A menudo represento retratos exactos de personas que nunca antes había conocido. En mis talleres de entrenamiento intuitivo enseño siete modos primarios del espectro del sexto sentido, pero hay algunos más que son extremadamente sutiles. Con la práctica se puede llegar a ser bastante preciso, pero lleva un poco de tiempo entrenar tu sistema de guía interno.

TE ENSEÑARÉ MIS SECRETO MUY PRONTO

PARA ESTUDIO POSTERIOR, el programa autodirigido, libro de trabajo y libro de juegos saldrán pronto al público. Los ejercicios utilizarán una forma de arte a veces llamados mandalas o imágenes balanceadas en un círculo. He creado un programa para que empieces a adquirir maestría *del poder de tí*. No es necesario que lo practiques todos los días, pero mientras más consistente seas, más exitosamente despertarás tu auténtico y hermoso yo y continuarás con una vida con más sentido, propósito y alegría.

Puedes programar tu sistema interno de "guía Siri" con fotos y, con práctica, puedes volverte más preciso. Toma un poco de tiempo entrenar tu sistema interno de guía.

Más por venir.

He estado impresionado con la urgencia de hacer.
El saber no es suficiente; debemos aplicarnos.
El estar dispuesto no es suficiente; debemos hacer.
LEONARDO DA VINCI

JANE DE FOREST

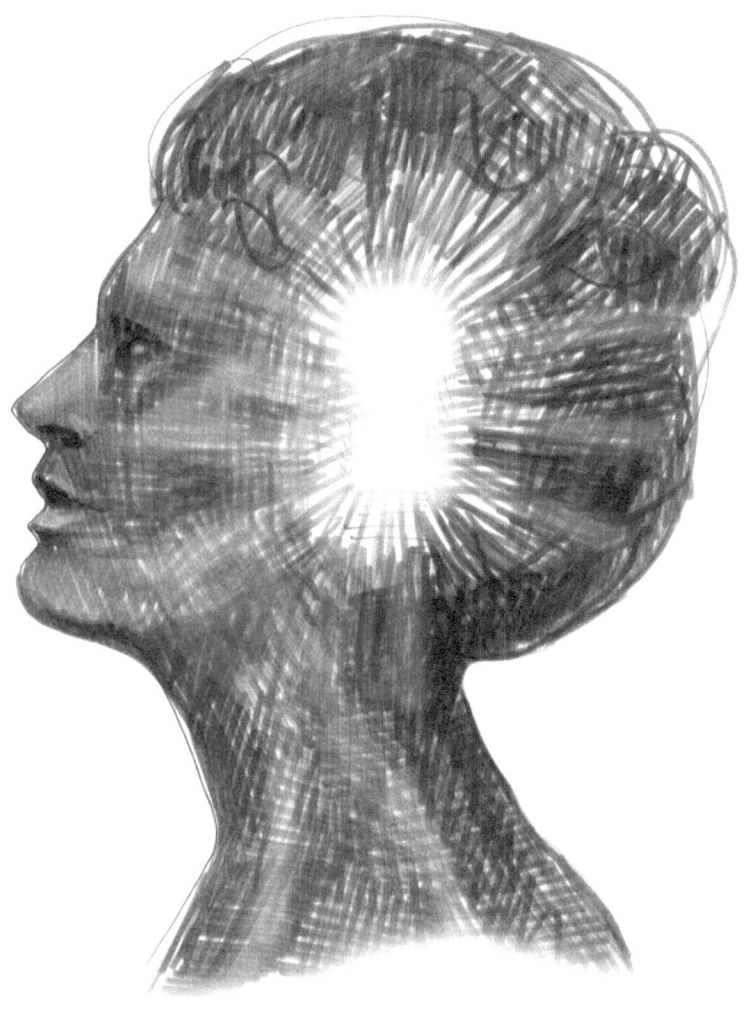

LA MÁS IMPORTANTE FRONTERA

Querido lector,

Por favor mantente en contacto.

Si te interesa hacer comentarios y compartir historias propias me encantaría oír de ti.
janesinspiration@gmail.com

Si te gustó este libro ... y te gustaría compartir esta información con más personas, por favor considera escribir una opinión.

Para reservar una sesión: consulta intuitiva, coaching o taller, por favor contacta

www.janesinspiration.com

Para adquirir impresiones de ilustraciones, por favor visita

www.janesinspiration.com.

RECONOCIMIENTOS

Traducción al español, Gabriela Romero
www.beefarmecuador.com

Edición en Español, Mariah de Forest
mdefor1234@aol.com

Diseño de libro de interiores, Gail Cross
gaildid@gmail.com

Bibliografía

Alexander, E. (2014) *El Mapa del Cielo: Como la Ciencia, Religión, y Gente Ordinaria están Comprobando la Vida Después de la Muerte.* Nueva York, NY, Estados Unidos Simon & Schuster.

Alexander, E. and Alex, E. (2012) *Prueba del Cielo: La Aventura de un Neuro Cirujano en la Vida en el mas allá.* Nueva York, NY: Simon & Schuster Paperbacks.

Bohm, D. (2002) *La Totalidad y el Orden Implicado.* Nueva York: Taylor & Francis.

Bowman, C. (1997) *Las Vidas Pasadas de los Niños: Como Memorias de Vidas Pasadas Afectan a tu Niño.* Nueva York: Bantam Dell Pub Group (Trd).

Braden, G. (2006) *La Matriz Divina: Tiempo de Puente, Espacio, Milagros, y Creencia.* Carlsbad, CA: Hay House.

Brennan, B.A. and Smith, J.A. (1990) *Manos de Luz: Una Guía para la Sanación a través del Campo Energético Humano: Un nuevo Paradigma para la Salud del Ser Humano, Relaciones, y Enfermedad* (Bantam Libros de la Nueva Era). Nueva York: Bantam Books (Transworld Publishers, una división del Grupo Random House).

Bukowski, C. and Martin, J. (2009) *La Gente Finalmente de Ve como las Flores, Nuevos Poemas.* Nueva York: HarperCollins eBooks.

Bulkeley, Bulkley, P., Bulkeley, P.K. and Bulkeley, K. (2005) *Soñando mas Allá de la Muerte: Una Guía para Visiones y Sueños previos a la Muerte.* Boston, MA: Beacon Press.

Cameron, J. (1997) *El Camino del Artista: Un Camino Espiritual a la Creatividad Superior.* Londres: Pan Books.

Campbell, J. (2012) *El Héroe de las Mil Caras.* 3rd edn. Estados Unidos: New World Library.

Campbell, J. and Moyers, B.D. (1988) *El Poder del Mito.* Nueva York, NY: Doubleday Books.

Choquette, S. and CHOQUETTE (1995) *El Camino del Psíquico: Un libro de Trabajo para el Re Despertar de la Voz de Nuestra Alma.* New York: Carol Trade Paperbacks.

Cooper, J.C. and Archer, G.E. (1982) *Simbolismo, el Lenguaje Universal.* 3rd edn. Londres, Reino Unido: Aquarian Press.

Cottrell, D.J.M. (2004) *Secretos de la Vida: Visión Única del Funcionamiento de Tu Alma, por el Intuitivo mas Poderoso de Nuestro Tiempo.* Londres, Ont.: Many Mansions Press.

Von Daniken, E., Heron, M. and Erich von Daniken M. Heron (1990) *Carros de los Dioses? Misterios del Pasado sin Resolver.* Londres: Souvenir Press.

Dass, R. and Dass, R. (1971) *Estar Presente Ahora.* Nueva York: Distribuido por Crown Pub.

Dispenza, J. (2012) *Rompiendo el Habito de ser Tu: Como perder la Cabeza y Crear una Nueva.* Londres: Hay House UK.

Dispenza, J. (2014) *Tu eres el Placebo: Haciendo que Tu Mente Importe.* Londres, Reino Unido: Hay House UK.

Edwards, B. (2001) *El Nuevo Dibujo del Lado Derecho del Cerebro.* Londres: HarperCollins Publishers.

Freke, T. and Gandy, P. (1997) *La Guía Completa del Misticismo Mundial.* Londres: Piatkus Books.

Gawain, S. (2002) *Visualización Creativa: Usa el Poder de Tu Imaginación Para Crear lo que Quieras en tu Vida.* 25th ed. San Rafael, CA: Nataraj Pub./New World Library.

Goodall, J., van Lawick, H. and Wrangham, R. (2009) *En la Sombra del Hombre.* Boston: Houghton Mifflin Harcourt.

Grof, S. (1985) *Mas Allá del Cerebro: Nacimiento, Muerte, y Transcendencia en Psicoterapia.* Albany: State University of New York Press.

Grof, S. (1988) *La Aventure del Auto Descubrimiento: Dimensiones de la Conciencia y Nuevas Perspectivas en Psicoterapia y Exploración Interna.* Albany: State University of New York Press.

Grout, P. (2013) *E-squared: Nueve: Hazlo-Tu-Mismo Experimentos Energéticos Que Prueban que Tus Pensamientos Crean Tu Realidad.* 2nd edn. Carlsbad, CA: Hay House Insights.

Hancock, G. (2006) *Supernatural: Encuentros con las Maestros Ancestrales de la Humanidad.* Londres: Arrow Books, Londres.

Hancock, G. and Faiia, S. (1996) *Huellas Digitales de los Dioses: La Evidencia de la Civilización Perdida de la Tierra.* Nueva York: Crown Publishing Group.

Halcón Animal de Poder (2012) Disponible en: http://www.spiritanimal.info/ hawk-spirit-animal/ (Fecha: 30 Noviembre 2016).

Hay, L.L. (1985) *Tu Puedes Sanar Tu Vida.* 2nd ed. Carson, CA: Hay House.

Houston, J. (1982) *El Humano Posible: un Curso para Extender tus Habilidades Físicas, Mentales y Creativas.* Los Ángeles: Jeremy P Tarcher.

Huxley, A. (1977) *Las Puertas de Percepción del Cielo y de la Tierra.*

Londres, Reino Unido: HarperCollins (UK).

Johari, H. (1987) *Herramientas para el Tantra.* Rochester, VT: Inner Traditions: Bear & Company.

Judith, A. (1987) *Ruedas de la Vida: Una Guía para Usuarios del Sistema de Chakras.* Estados Unidos: Llewellyn Publications, U.S.

Jung, C.G. and Jung, C. (1997) *El Hombre y sus Símbolos.* Nueva York: Bantam Doubleday Dell Publishing Group.

Karagulla, S. (1991a) *Avance a la Creatividad: Tu Sentido Superior de Percepción.* 8th edn. Santa Monica, CA: DeVorss & Co ,U.S.

Karagulla, S. (1991b) *Avance a la Creatividad: Tu Sentido Superior de Percepción.* 8th edn. Santa Monica, CA: DeVorss & Co, U.S.

Karagulla, S., van Gelder Kunz, D. and Shafica, K. (1989) *Los Chakras y Los Campos Energéticos Humanos: Correlaciones Entre la Ciencia Médica y la Visión Clarividente.* Wheaton, Ill., U.S.A.: Theosophical Pub. House.

Kübler-Ross, E., Myss, C. and Kubler-Ross, E. (2008) *Sobre la Vida después de la Muerte.* Berkeley, CA: Ten Speed Press.

Lipton, B.H. (2016) *La Biología de la Creencia. Edición de Aniversario 10 años: Develando el Poder de la Consciencia la Materia & Milagros.* Estados Unidos: Hay House.

Lipton, B.H. and Bhaerman, S. (2009) *Evolución Espontanea: Nuestro Futuro Positivo (y un Camino de Llegar Allí Desde Aquí).* Carlsbad, CA: Hay House.

Masaru, E., Thayne, D.A. and Emoto, M. (2005) *Los Secretos Escondidos en el Agua.* Nueva York: Simon & Schuster Adult Publishing Group.

McCormick, C. and Grey, A. (1990) *Los Espejos Sagrados: El Arte Visionario de Alex Grey.* Editado por Ken Wilber. Rochester, VT: Inner Traditions, Bear and Company.

Mcelroy, S.D. (2003) *Animales como Maestros y Sanadores.* Peter Smith Pub.

McMoneagle, J. (2000) *Secretos Para la Visión Remota: El Libretin para Desarrollar y Extender sus Habilidades Psíquicas.* Nueva York, NY, Estados Unidos: Hampton Roads Publishing Company.

McTaggart, L. (2008) *El Experimento de la Intención: Usando Tus Pensamientos para Cambiar tu Vida y el Mundo.* Nueva York: Simon & Schuster Adult Publishing Group.

Monroe, R.A. (1989) *Aventuras Fuera del Cuerpo.* Londres: Souvenir Press.

Moody, R. (2015) *Vida Tras Vida: La Investigación Original Mejor Vendida* que Revela "Experiencias Cercanas a la Muerte". Nueva York, NY, United States: HarperOne.

Moody, R.A. and Perry, P. (1993) *Reuniones: Encuentros Visionarios con Seres que Han Partido*. Nueva York: Villard Books.

Moody, R. and Perry, P. (2011) *Vislumbres de la Eternidad: Compartiendo el Paso de una Amada de esta Vida a la Siguiente*. Nueva York, NY: Ideals Publishing Corporation, U.S.

Morehouse, D.A. (2005) *Visión Remota: El Manual de Usuario Completo para Coordinar la Visión Remota*. Boulder, CO: Sounds True.

Myss, C., Myss, C. and Shealy, N. (1997) *Anatomía del Espíritu: Los Siete Estados de poder y Sanación*. Nueva York: Crown Publishing Group.

Newton, M. (1994) *Viaje de las Almas: Estudios de Caso de Vida entre Vidas*. Stamford, CT, Estados Unidos: Llewellyn Publications, U.S.

Newton, M. (2000) *Destino de las Almas: Estudio de un Nuevo Caso de Vida entre Vidas*. Stamford, CT, Estados Unidos: Llewellyn Publications, U.S.

Newton, M. and Institute, the M.N. (2009) *Memorias de la Otra Vida: Vida Entre Vidas, Historias de una Transformación Personal*. Woodbury, MN: Llewellyn Publications, U.S.

Peirce, P. (2009) Frecuencia: *El Poder de la Vibración Personal*. Hillsboro, OR: Simon & Schuster Adult Publishing Group.

Posted (2012) *Ring! Tu Intuición te Esta Llamando*. Disponible en: http://brainworldmagazine.com/ring-your-intuition-is-calling/ (Búsqueda: 30 Noviembre 2016).

Animales de Poder *** (2016) Disponible en: https://www.warpaths2peacepipes.com/native-american-culture/power-animals.htm (Búsqueda: 30 November 2016).

Radin, D. (2009) *Mentes Enredadas: Experiencias Extrasensoriales en una Realidad Cuántica*. Estados Unidos: Pocket Books.

Radin, D. (2013) *Superior a lo Normal: Ciencia, Yoga, y la Evidencia para Habilidades Psíquicas Extraordinarias*. Nueva York, NY, Estados Unidos: Crown Publishing Group.

Schulz, M.L. and Northrup, C. (1998) *Despertando la Intuición: Usando Tu Red Mente-Cuerpo para Visión y Sanación*. Nueva York: Crown Publications.

Sheldrake, R. (2013) *El Sentido de Ser Observado y Otros Poderes Inexplicables de las Mentes Humanas*. Nueva York, NY, Estados Unidos: Inner Traditions International.

Sheldrake, R., McKenna, T., Abraham, R. and Houston, J. (2001) *Caos,*

Creatividad,y Consciencia Cósmica. Rochester, VT: Inner Traditions Bear & Company.

Smith, H. (1993) *La Verdad Olvidada: La Visión Común de las Religiones del Mundo.* San Francisco: HarperCollins Publishers.

Sugrue, T. (1977) *Hay un Río: La Historia de Edgar Cayce.* S.l.: Dell Pub Co.

Swann, I. and Allen, P.G. (1999) *Sexualidad Psíquica: La "Anatomía" Bio-Psíquica de las Energías Sexuales.* Rapid City, SD: Ingo Swann Books.

Swann, I., Swann and Ferguson, M. (1991) *La Guía de Todos para Un Natural PES. Everybody's Guide to Natural ESP: Desbloqueando el Poder Extrasensorial de tu Mente.* Los Angeles: J.P. Tarcher.

Talbot, M. and McTaggart, L. (2011) *El Universo Holográfico: La Revolucionaria Teoría de la Realidad.* Nueva York, NY: HarperCollins Publishers.

Targ, R. and Houston, J. (2004) *Mente sin Límites: Una Guía para la Visión Remota y la Transformación de la Consciencia.* Malden, MA, United States: New World Library.

Targ, R. and Schwartz, S.A. (2012) *La Realidad del PES: La Prueba de Físico de los Fenómenos Psíquicos.* Wheaton, IL: Quest Books, U.S.

Tolle, E. (2001) *El Poder del Ahora: Una Guía para La Iluminación Espiritual.* London: Hodder and Stoughton.

Van Praagh, J. (1998) *Hablando al Cielo: El Mensaje de una Medium de la Vida Después de la Muerte.* Wheeler Pub.

Watts, A. (1983) *Mito y Realidad en el Cristianismo.* Londres: Thames and Hudson.

Watts, A.Y. (1988) *El Libro: Sobre el tabú en Contra de Saber Quien Eres.* Nueva York: Vintage Books, [1972, c1966].

Weiss, B. (2001) *Mensajes de los Maestros: Aprovechando el Poder del Amor.* Nueva York: Grand Central Publishing.

Weiss, B.L. and Weiss, M.B.D. (1996) *Muchas Vidas, Muchos Maestros: La Historia Real de un Prominente Psiquiatra, Su Joven Paciente, y la Terapia de Vidas Pasadas que Cambiaron Ambas Vidas.* Nueva York: Grand Central Publishing.

Wikipedia : https://www.wikipedia.org/

Zukav, G., Winfrey, O. and Angelou, M. (2014) *EL Asiento del Alma: Edición de Aniversario 25 años.* Nueva York, NY, estados Unidos: Simon & Schuster.

https://en.wikiquote.org/wiki/The_Empire_Strikes_Back

LISTA DE ILUSTRACIONES
POR TARA DE FOREST & JANE DE FOREST

Página VII.	La Lección,	Jane de Forest
Página IX.	Introducción Cubierta,	Tara de Forest
Página 3.	Onda Mental – El Poder de Tus Pensamientos,	Jane de Forest
Página 4.	Llegando a Casa Después de la Muerte,	Jane de Forest
Página 16.	El Corazón de Kara,	Jane de Forest
Página 26.	El Será Fuerte Como un Semental,	Jane de Forest
Página 34.	Garza Azul Reflejada en el Lago,	Jane de Forest
Página 44.	Dos Pájaros con Flores de Cerezo,	Tara de Forest
Página 49.	Señora China,	Tara de Forest
Página 51.	Tallado de Jade,	Jane de Forest
Página 58.	Juntos Otra Vez (Ella en la derecha & El en la izquierda),	Jane de Forest
Página 60.	Luna Llena,	Tara de Forest
Página 65.	Linternas Chinas,	Jane de Forest
Página 67.	El Mensaje de la Linterna Roja,	Jane de Forest
Página 71.	Te Amo Hasta la Luna y de Vuelta,	Jane de Forest
Página 72.	Pequeño Cangrejo,	Tara de Forest
Página 74.	Hasta Encontrarnos Otra Vez,	Tara de Forest
Página 81.	Señora Egipto,	Tara de Forest
Página 84.	Mente Cerrada • Mente Abierta,	Tara de Forest
Página 87.	Compasión,	Jane de Forest
Página 88.	El Oráculo de Delfos,	Jane de Forest
Página 91.	La Pluma de la Verdad Se Pesa Sobre,	Tara de Forest
Página 92.	La Librería,	Jane de Forest
Página 95.	Escaleras,	Tara de Forest
Página 99.	Bosquejo de Mt. Hood,	Tara de Forest
Página 101.	Lago Claro que Refleja Mt. Hood,	Jane de Forest
Página 105.	Abrazo Equino,	Jane de Forest
Página 106.	Amor Equino,	Jane de Forest
Página 110.	Ishtar El Caballo Inspirado por Da Vinci,	Tara de Forest
Página 120.	Max Regresa,	Jane de Forest
Página 126.	Max es Abrazado por su Humano,	Jane de Forest
Página 129.	Retrato de Max el Perro,	Tara de Forest
Página 143.	Pequeña Flor,	Tara de Forest
Página 146.	Moneda de Mercurio en la Colección de Monedas de Pixie,	Jane de Forest
Página 149.	Auch!,	Jane de Forest
Página 152.	Botella de Corazón,	Jane de Forest
Página 159.	Conexión de Parejas - Sacred Union,	Jane de Forest
Página 160.	Aves de Pluma,	Tara de Forest
Página 161.	Aves de Pluma,	Tara de Forest
Página 171.	Ella Tomó el Tren No. 11 Al Cielo,	Jane de Forest
Página 177.	Bienvenida a tu Casa en el Cielo,	Jane de Forest
Página 179.	Bienvenida a Casa Beth,	Jane de Forest
Página 188.	Campo Electromagnético Humano,	Jane de Forest
Página 194.	Vida Pasada en la Escuela Tierra,	Tara de Forest
Página 199.	Libera la Puerta Hacia Tu Mente,	Tara de Forest
Página 215.	Señora Egipto,	Tara de Forest

Sobre Las Artistas y La Autora

TARA de FOREST
ARTISTA

TARA CREÓ LAS ILUSTRACIONES PARA este libro cuando tenía sólo doce años. Crecer rodeada de artistas - Mariah de Forest, su magnífica abuela artista, así como su abuelo Richard Steinberg, un talentoso fotógrafo y pintor, y su madrina la artista Christa Grimm y yo (pintora y muralista) - le permitió absorber la creatividad de cada dirección. En esta vida, sus antepasados incluyen artistas estadounidenses como Roy de Forest, Lockwood de Forest (un asociado de Tiffany y presidente del Museo Metropolitano de Arte de Nueva York) y George de Forest Brush.

Quizá una vida pasada durante el Renacimiento Italiano posiblemente podría explicar la habilidad no escolarizada de Tara para duplicar con precisión los dibujos de Leonardo Da Vinci casi con perfección ... a los siete años. Su madre estaba estupefacta por su talento en bruto y encantada de que su talento y capacidad superaran a todos los demás miembros de su familia artística cuando todavía estaba en la escuela primaria.

Tuvo su primer exposición sola en Camas Gallery en 2015 que sorprendió a la gente y ganó su mención en los periódicos. Ella ha ganado el primer premio todos los años en el concurso local de arte para jóvenes, tanto en dibujo como en pintura.

JANE de FOREST

ARTISTA, INTUITIVA, AUTORA Y MAESTRA

CONOCIDA POR SU TALENTO E integridad en bruto como artista, coach intuitiva, canalizadora de animales y médium durante casi 20 años, Jane ha trabajado con clientes personales y comerciales en todo el mundo. Con su técnica de dibujo automático, a menudo dibuja representaciones exactas de personas y lugares que nunca ha visto mientras entrega su mensaje con humor y sensibilidad.

Jane imparte talleres que suavemente guían a los participantes hacia una experiencia más profunda de creatividad, intuición y autodescubrimiento. Los talleres incluyen: "Sabía que ibas a decir eso; La ciencia de la intuición práctica" y "El arte de la transformación es un viaje a tu corazón". Su trabajo con parejas incluye: "Caer más profundamente en el amor: Redescubrir el misterio dentro de una relación comprometida".

Jane ha pintado murales a gran escala, obras de arte personales y comisionadas, la capacitación formal incluye la Academia de Artes de Interlochen y la Escuela de Diseño de Rhode Island. Su trabajo y sus lienzos se encuentran en colecciones de todo el mundo, desde Jane Goodall hasta Martin Sheen.

EN LA ALABANZA A LA PINTURA DE JANE

"La obra de Jane es absolutamente encantadora. Los artistas tienen mucho que aportar a nuestro esfuerzo de hacer de éste un mundo mejor, porque el arte habla al ser interior".

JANE GOODALL, PH.D.
Autora de *In the Shadow of Man* y fundador del Instituto Jane Goodall

"Jane ciertamente comunica maravillosamente el misterio divino que informa toda la vida".

LYNNE TWIST
Autora de *The Soul of Money* y fundadora de Soul Money Institute

"Jane es una verdadera visionaria. Su arte es un regalo del espíritu que conecta al espectador con el corazón de lo Sagrado. Las imágenes de Jane son poderosas transmisiones que pueden cambiar la conciencia y ayudar a traer claridad, amabilidad y compasión al mundo".

JOAN BORYSENKO, PH.D.
Autora de *A Woman's Journey to God*.

EGIPCIA

Jane conduce giras a sitios sagrados. Si tienes algún interés, por favor ponte en contacto con ella a: www.janesinspiration.com

www.ingramcontent.com/pod-product-compliance
Lightning Source LLC
Chambersburg PA
CBHW030149100526
44592CB00009B/188

www.ingramcontent.com/pod-product-compliance
Lightning Source LLC
Chambersburg PA
CBHW030318100526
44592CB00010B/484